Para que esperar,
hombres

Para que esperar, hombres

Dr. Gabriel Agustin Velasco

Para realizar pedidos de este libro, contacte con:
Palibrio LLC
1663 Liberty Drive
Suite 200
Bloomington, IN 47403
Gratis desde EE. UU. al 877.407.5847
Gratis desde México al 01.800.288.2243
Gratis desde España al 900.866.949
Desde otro país al +1.812.671.9757
Fax: 01.812.355.1576
ventas@palibrio.com
506879

El Dr. Gabriel nació en la ciudad de Oaxaca Oaxaca, es médico cirujano, especialista en anestesiología y fellow ship en el manejo del dolor. Profesor de fisiología humana en la facultad de medicina y de anestesiología en el hospital general Dr. Aurelio Valdivieso de los SSO. Casado hace 26 años, padre de 4 hijos, 3 de ellos profesionistas y una señorita de 15 años en preparatoria, es profesor nacional de anestesiología, actualmente médico especialista de los servicios de salud de Oaxaca y coordinador de enseñanza del ISSSTE. Vive en Oaxaca con su esposa y 3 de sus hijos.

ÍNDICE

LA FAMILIA

Ya que el objetivo primordial de este libro es mejorar la dinámica familiar, creo que lo primero es empezar por saber que es y cómo funciona una familia o como debe funcionar, así que iniciaremos por saber.

QUE ES LA FAMILIA, la familia es una sociedad formada por un hombre, una mujer y sus hijos viviendo bajo el mismo techo y del número de estos dependerá el tipo de familia del cual trataremos así llamamos a la familia con el termino de nuclear cundo está integrada por los padres y uno o dos hijos, familia grande cuando el número de hijos es mayor de tres, familia extensa cuando se agregan los abuelos y ampliada cuando también cuenta con los tíos o primos, y obviamente cada una de estas familias tiene, características especiales así como problemas propios, de los cuales solo trataremos los relacionados a la familia nuclear pues en nuestros días este es el tipo de familia que más atención requiere además de que me extendería demasiado si me refiriera a la problemática y características de todos los tipos de familia existentes.

Ahora que sabemos que la familia nuclear está integrada por los padres y dos a tres hijos, que viven bajo el mismo techo, debemos saber que en esta sociedad, la cual se define como "CONJUNTO DE PERSONAS QUE CONVIVEN Y SE RELACIONAN DENTRO DE UN MISMO ESPACIO Y ÁMBITO CULTURAL CON UN SOLO FIN", cada uno de los miembros que la integran, tiene que cumplir con ciertos roles, es decir que cada uno de sus integrantes, tiene una función específica, que la misma sociedad nos marca y que además de conocer, debemos cumplir para mantener la estabilidad de la familia pues de esta dependerá su buen funcionamiento y así sus miembros serán educados de la manera correcta, tenemos así que una vez formada una familia nuclear, donde existe padre, madre e hijos, el padre tiene que cumplir los siguientes roles:

ROLES DEL PADRE

1. PADRE PROVEEDOR, quiere decir que el padre es el responsable de llevar a casa el dinero suficiente para satisfacer las necesidades básicas de la familia y que son casa, vestido y sustento para todos los integrantes de la misma.

2. PADRE EDUCADOR, es el rol que debe cumplir dando ejemplo a los hijos de todo lo que deberán hacer como hijos primero y como hombres después, recordemos que los niños aprenden más de lo que ven que de lo que se les dice, así que debemos educar con el ejemplo.

3. PADRE SOCIALIZADOR. Esto quiere decir que el padre de familia deberá facilitar el ingreso a la sociedad de sus hijos o hijas de manera adecuada.

4. PADRE PROTECTOR. El padre es o debe ser el integrante fuerte de la familia, el que protege a los demás de todo lo que pudiera afectarlos o dañarlos en un momento dado.

5. El rol de ESPOSO AMANTE. Aspecto tan importante como los demás pues de esto dependerá realmente la manera en que conserve su relación de pareja de la cual ha derivado ahora su familia completa, siendo este el rol al que más me referiré en este libro pues la finalidad del mismo es mejorar la funcionalidad de la familia y para esto la pareja es el punto principal y a su vez para ello es el varón el que primeramente debe estar lo mejor posible, y esto depende en gran medida de este rol como veremos más adelante. Obviamente, este roll implica que el varón debe ser un amante pero no solo eso sino verdaderamente un excelente amante.

ROLES DE LA MADRE

Así como el padre de familia tiene roles bien definidos, lo mismo ocurre con la mujer la cual tiene los siguientes roles.

1. ESPOSA MADRE, esto quiere decir que es la encargada del cuidado de los hijos en cuanto a vestido, alimentación y cuidado.

2. ESPOSA ACOMPAÑANTE, esto quiere decir que es la carta de presentación del esposo y dígame usted si no es importante la presencia de la esposa en los eventos formales a los que asiste el hombre y qué tanto cuenta o influye su presencia en todos los aspectos de carácter social del hombre.

3. ESPOSA COLABORADORA, quiere decir que la esposa también debe colaborar con el sustento familiar pero entendiéndose como acabo de anotar, "colaborar" solamente sin que esto deba ser su responsabilidad pues esta responsabilidad, es del hombre, ella solo contribuirá al sostén de la familia ya que en nuestra sociedad actual, en muchos casos la necesidad económica hace necesario que ambos padres trabajen para darle a los hijos lo necesario, pero sin olvidar que nunca será la esposa la proveedora del hogar sino solo un apoyo del esposo.

4. ESPOSA AMANTE. Roll que es fundamental pues la intimidad en la pareja es un pilar insustituible de la misma y así como el hombre, la mujer debe ser una estupenda si no excelente amante de su esposo pues de esto va a depender en gran medida la estabilidad emocional de su pareja y con ello, la de su familia como veremos más adelante.

Quedándole A LOS HIJOS como responsabilidades propias solo estudiar y divertirse cuando son pequeños, pues son en este caso los educandos de los padres y del buen trabajo que con ellos hagan los padres tendremos como resultado hijos formados en valores y educados con amor que serán los futuros hombre y mujeres que el día de mañana tengan ahora si los roles que para padre y madre he anotado y los cumplan a cabalidad porque desde niños fueron aprendiéndolos a través del ejemplo que sus padres les dieron.

Ahora que tenemos este conocimiento debemos saber hasta qué punto cumplimos cada uno de los integrantes de La familia con todos y cada uno de los roles que nos tocan, pues de esto dependerá el buen o mal fundamento de la familia

LA EDUCACIÓN DE LOS HIJOS

Una vez con la familia integrada veamos cuando inicia LA EDUCACIÓN DE LOS HIJOS, pues el conocimiento general dice que en la escuela o en el primer año de vida, en el jardín de niños o hasta la primaria en fin a este respecto yo creo que la educación de un niño empieza desde el momento mismo en que la pareja decide procrear a su primer hijo pues el simple hecho de que el hijo sea deseado o no, dará como resultado un hijo con una formación diferente y este aspecto generalmente es minimizado, creo yo por falta de conocimiento de que un nuevo ser no solo recibe la carga genética de ambos progenitores sino además la carga emocional de ambos y esta es tan importante como lo es su herencia física, así debemos saber que un individuo una vez concebido es un miembro más de la familia y que requiere de todos los cuidados y atenciones de que seamos capaces pues desde el vientre materno el niño siente, escucha, y percibe lo que le sucede principalmente a su madre y solo hay que preguntarle a la madre que pasa con su bebe aun cuando se encuentre en el vientre materno y por alguna razón ella tiene un problema, preocupación o cualquier emoción ya sea agradable o desagradable así comprobaremos que el niño está bien si la madre está bien y lo mismo estará mal si su madre tiene algún problema. Esto ocurre siempre, es natural y obviamente sucede aunque la madre oculte o enmascare sus emociones pues estas generan en su cuerpo manifestaciones físicas, orgánicas que el niño si recibe y percibe, formándose así parte de su personalidad, ocurre esto durante todo el embarazo y una vez concluido este con el parto aparecen situaciones que unas veces mejoran esto y otras lo empeoran pues ahora sabemos si ese niño es varón o mujer influyendo también este aspecto desde el momento en que los padres deseaban un hijo varón o mujer específicamente y si el sexo del niño es el que los padres no deseaban el trato hacia su hijo cambiara a veces de manera muy marcada, y esto a futuro solo empeora las cosas siendo esta es una de las causas por las que actualmente la cantidad de jóvenes con problemas de sexualidad es tan frecuente o valla en aumento, tanto si hablamos de los hombres con si nos referimos a las mujeres. Problema que abordare más tarde.

LA VIDA EN PLENITUD

Hablemos ahora de la vida en su conjunto, y de cómo vivirla plenamente y feliz, para esto debemos saber que la vida es todo lo que ocurre mientras estamos ocupados en otras cosas, de tal manera que nos olvidamos de vivir realmente pues absorben nuestra atención cosas sin importancia la mayoría de las ocasiones, para esto, debemos saber que el hombre, lo mismo que la mujer debe tener como parte importantísima de su vida cinco aspectos básicos siendo todos necesarios y por lo tanto insustituibles e imprescindibles, y que son los siguientes, todo hombre debe tener.

a. UNA FORMACIÓN ESPIRITUAL bien fundamentada sin importar la religión que profese y sin llegar a los extremos claro, pues sabemos que los extremos, todos sin excepción son malos. Así el ateo al igual que el fanático nunca estará en equilibrio. Al definir una vida espiritual bien fundamentada me refiero a que el hombre debe tener una figura de fe algo en quien depositar su confianza y/o porque no, acudir en momentos difíciles pues siempre habrá en nuestra vida momentos difíciles a veces pocos a veces muchos pero siempre los habrá y aquel que no tiene una creencia en algo superior se verá desprotegido y temeroso en muchos casos que traslapado a lo que nos ocupa, esa será la imagen que como padre le transmitirá a su familia con las consecuencias que todos nosotros vemos o imaginemos, desde mi muy particular punto de vista creo necesario de manera importante tener una buena formación espiritual.

b. UNA VIDA FAMILIAR si no excelente si la mejor posible y es precisamente, ese el objetivo principal de esta obra y si en primer lugar he anotado la vida espiritual es porque en mi concepto de esa se deriva todo lo demás pues vivir en familia es muy difícil si no tenemos una imagen de familia espiritual normal, de tal manera que nuestra familia bien constituida será un modelo cimentado por una relación de pareja hombre mujer donde ambos tengan sus necesidades satisfechas, esto les permitirá a los dos desarrollarse al máximo haciendo o permitiendo que los hijos hagan lo mismo pues los hijos requieren siempre de ambos padres para alcanzar su máximo desarrollo, en todos los aspectos, si la familia es estable el hombre se sentirá a gusto en ella lo mismo que la madre y los hijos permitiendo esto, educarlos sin regaños o gritos, sin agresiones u ofensas, sin golpes ni castigos, desarrollando su máximo potencial.

c. BUENA SALUD, recordemos que tenemos un cuerpo maravilloso pero que requiere cuidado como cualquier otra cosa y que es el único que tenemos y por lo tanto debemos cuidarlo al máximo y para esto aparte de alimento habrá que nutrirlo de cosas buenas es decir, pensamientos positivos, información valiosa hábitos sanos, ejercicio vigoroso y frecuente pues no es raro ver personas que en su vida han hecho actividad física y de pronto un fin de semana quieren correr un maratón, obviamente esto no será posible y si en cambio puede ocurrir un evento adverso a veces grave, es por eso que la actividad física debe ser gradual y constante y en muchos casos prescrita y vigilada por un profesional del deporte, ya que es así como contribuirá a nuestro beneficio y no nos causara ningún problema, para los que su edad lo permita y no tengan ningún impedimento para hacer ejercicio recuerden solo que este es un hábito que cuesta trabajo empezar, pero que precisamente cuando más trabajo cuesta empezar es cuando más se necesita, recuerden también que al principio, hacer ejercicio es un sacrificio posteriormente este se transforma en gusto, para finalmente experimentar el placer de hacer deporte placer que se encuentra más fácilmente cuando se practica en equipo que solo, pero desgraciadamente en nuestros días lo más difícil es encontrar a alguien que quiera hacer deporte en equipo y por lo tanto solo nos queda hacerlo solos siendo más difícil formarnos el hábito, pero si sabemos que un hábito se hace a través de la repetición pues tengamos en nuestra mente que si nuestro objetivo es hacer deporte de manera ininterrumpida, lo hagamos 21 días seguidos sin dejar uno solo pues se ha demostrado que cuando alguien intenta cambiar un hábito por otro sea cual sea, debe llevar a cabo este nuevo habito de manera ininterrumpida durante 21 días seguidos pues solo hasta cumplir este tiempo ese nuevo habito se arraigara en la mente de la persona sustituyendo al anterior y así esto hará que ya no nos cueste trabajo continuar esa práctica y que una vez que lleguemos a experimentar el placer que da la actividad física si por alguna razón no continuamos haciendo ejercicio nuestro propio cuerpo nos lo exigirá y no nos costara tanto trabajo volver a hacerlo, lo que a la larga nos hará tener un cuerpo saludable, indispensable para todo lo que intentemos o hagamos recuerde que el éxito incluye, una buena salud y eso abarca nuestro físico, porque hay un dicho que dice que "DE NADA SIRVE UNA MENTE BRILLANTE EN UN CUERPO ENFERMO", además claro de una sana alimentación, descanso optimo, abundantes líquidos acudiendo al médico en cuanto nos sintamos mal o por simple cuidado de nuestra salud en general, pues los chequeos médicos tienen la finalidad de detectar problemas de salud a tiempo y como usted sabe todo tiene remedio si se detecta en forma temprana es decir cuando el problema es leve o inicial. Sabemos que algo pequeño o leve progresa y si no lo corregimos este se va a convertir en algo grave, por eso insisto en ese chequeo de salud el cual es recomendable en condiciones normales a partir de los cuarenta años, cada año o antes si ya existe algún problema de salud pues actualmente hemos visto problemas serios de salud llámese diabetes, hipertensión arterial, sobrepeso, obesidad, y alteraciones de los lípidos en hombres jóvenes, de treinta años o incluso menores siendo en estos casos producidos en la mayoría de los casos por el estrés con que vive la gente día tras día. Como sabemos una alimentación sana es comer sin grasa al cocinar, conservando los nutrientes de los alimentos cocinando a temperaturas bajas, con poca o nada de agua (solo al cocinar recuerde) y con un descanso optimo, nuestra salud será cada vez mejor, el descanso debe ser completo, satisfactorio agradable y en cuanto al sueño de 8 horas mínimo por día.

d. TRABAJO, recuerde que al hombre le toca ser el proveedor de todo lo que su familia necesita y para esto debe trabajar, pero siempre tenga presente que hay que trabajar para vivir y no vivir para trabajar. Pues lo que ocurre y no en pocas ocasiones es que el hombre se hace adicto al trabajo y por desgracia, siempre será a cuenta del tiempo que le toca a su familia, de tal manera que por el trabajo o con el pretexto del trabajo abandona a sus hijos con las consecuencias que vamos a ver más adelante, el trabajo ennoblece pero no debe embrutecer, además tenga presente que el trabajo debe ser un placer no un sacrificio así que si su trabajo no es placentero para usted, no le satisface, no le gusta o simple y sencillamente usted trabaja a la fuerza o trabaja a disgusto, es decir que no está contento con su trabajo, pues es hora de que remedie esta situación, recuerde que ese trabajo lo mantendrá durante muchos años de su vida y si representa un sacrificio no le auguro un buen fin, recuerde además que si su trabajo le gusta este nunca le cansara pues realmente disfrutara de él y no será una carga y en quinto lugar.

e.   UNA VIDA SOCIAL Y DE ENTRETENIMIENTO completa
   Este aspecto es tan importante como los demás y no porque lo haya anotado al final es menos importante que el que anote en primer término, recuerde usted que el hombre es un animal social, es decir que debe vivir en grupo, dentro de una sociedad, nunca solo pues necesita relacionarse siendo una prioridad al igual que las demás, la convivencia en sociedad es importante e indispensable, de tal manera que el hombre debe tener un círculo de amistades con quienes se reúna frecuentemente para intercambiar opiniones, sucesos, información o simplemente para chalar de cosas sin importancia pues lo que se requiere es que la vida social del hombre sea completa y si a esto agregamos que estas amistades nos aportan algún beneficio adicional como sería el que nos ayuden en cosas del trabajo (por ejemplo con las relaciones personales que tengan)o en la educación de los hijos o en cualquier aspecto en que necesitemos un consejo, apoyo o ayuda, este será un plus insustituible para nosotros y nuestra familia. Este aspecto además sirve para que sus hijos socialicen y aprendan a convivir con otras personas fuera de su círculo familiar, esto los preparara para su vida futura y les facilitará su ingreso en la sociedad de la manera más cómoda y sin problemas pues ocurre que hay muchos jóvenes que se aíslan del mundo porque no saben cómo ingresar a la sociedad de la cual forman

parte y por último el entretenimiento llámese un hobby, un pasatiempo o una actividad de entretenimiento cualquiera, esto es algo que también debe formar parte de las actividades del hombre pues todos tenemos talentos que no descubrimos solo porque no hacemos otras actividades fuera de nuestro trabajo rutinario, por eso insisto en que siempre debemos tener actividades de distracción pues en ellas descubriremos uno o más talentos que incluso ni nosotros mismos sabíamos que teníamos y que nos pueden dar muchas sorpresas, todas positivas claro. Así vemos que hay muchos varones que tienen talento para cantar, bailar, jugar, escribir, componer algo, toca algún instrumento, en fin la gama de posibilidades es increíble y esto tiene una finalidad, que cuando seamos mayores y dejemos de trabajar en lo que siempre hicimos, ya sea por jubilación o por otra causa, siempre tengamos algo más que hacer, algo más a que dedicarnos y así nuestra vida tomara un segundo aire tan importante como el primero pues se trata de seguir vivo y no como reza esa frase que dice que "HAY HOMBRES QUE SEPULTAN A LOS 80 AÑOS PERO QUE MURIERON A LOS CINCUENTA" refiriéndose a que a los 50 años de edad dejaron de tener aspiraciones y se les acabo por así decirlo la vida, bueno pues este aspecto del entretenimiento tiene la función de hacer que un hombre cuando cree que ya no tiene más que hacer sepa que aún puede hacer mucho con esos talentos que descubrió que tenía y que solo requiere dedicación para desarrollarlos y usarlos de tal manera que una vez jubilado o simplemente porque al cabo de las años tiene más tiempo para dedicase a cultivar ese talento se da cuenta que incluso ese talento, puede convertirse en una fuente más de ingreso. Así vemos que hay hombres de edad madura que ahora cantan, bailan, pintan, ponen un taller de reparaciones domésticas, o escriben libros como este porque descubrieron desde jóvenes que tenían esa habilidad y que solo porque durante su vida laboral estuvieron demasiado ocupados ganando dinero para darle a su familia todo lo necesario, bloquearon este o estos talentos sin saber que bien aprovechados serian de tan grande utilidad. Por eso nunca me cansare de insistir en que debemos tener todos los hombres un hobby cualquiera que sea y mantenerlo a lo largo de los años pues no sabemos todo el bien que nos hará en nuestra edad madura o incluso en nuestra vejez.

La vida es un don que no podemos ni debemos menospreciar y en este mundo estamos para vivir plenamente, disfrutar de todo lo que el mundo tiene y en pocas palabras para vivir felices. Pero ocurre que desgraciadamente no siempre es así y eso se debe a que aunque no es un problema del hoy sino que ya tiene algún tiempo existiendo, hoy vemos con más frecuencia la existencia de una problemática familiar que desgraciadamente va en aumento y nos quita esa felicidad que tanto anhelamos y buscamos, y por esto mismo, cada día es más común ver que los matrimonios se destruyen dejando padres solos o con hijos o hijos sin padre uno o ambos a veces y dejamos ir la felicidad que tanto trabajo nos costó buscar y encontrar.

LA PROBLEMÁTICA FAMILIAR

Por esa razón vamos a tratar el tema de la problemática familiar. La cual ha sido o mejor dicho es causa de todo tipo de situaciones siendo una de las más comunes actualmente, los problemas relacionados con la alimentación, en especial me refiero a.

LA OBESIDAD INFANTIL. Para esto basta saber que México ocupa el primer lugar en obesidad infantil y que al convertirse en un problema de salud las autoridades han tomado medidas tendientes a revertir este problema y una de las que actualmente se están llevando a cabo es la prohibición de vender alimentos chatarra en las escuelas primarias, medida que en muy poco contribuirá a resolver esta situación pues si el niño no encuentra este tipo de golosinas en su escuela, las va a consumir en la calle o en casa que es lo peor, otra medida que han establecido es aumentar las horas de educación física en el horario de clase, medida que contribuirá en parte a remediar este problema, aunque estos hábitos como hemos dicho han de hacerse poco a poco y de manera muy gradual para lo que se requiere en este caso que el personal encargado de esta actividad realmente esté preparado para que lo lleve a cabo sin problemas, pues como vimos antes el deporte ha de hacerse de manera adecuada si no en lugar de beneficios le ocasionara perjuicios en su salud que es lo que tratamos de mejorar, recordemos además que el niño no es obeso solo porque coma alimentos chatarra sino principalmente por sus hábitos alimenticios o mejor dicho sus malos hábitos alimenticios y estos desgraciadamente es solo lo que ha aprendido en su casa, a través del ejemplo de sus padres en primer lugar y así vemos que si los padres tienen sobrepeso o si los padres son obesos, el niño lógicamente será también obeso o por lo menos tendrá sobrepeso, además de esto si no es el ejemplo lo que favorece la obesidad, será entonces el abandono de los padres, pues resulta que al no atender la madre directamente a sus hijos estos comerán lo que primero vean o se les antoje y entonces solo habrá que ver que anuncios nos muestra la televisión y la radio y veremos que lo que se anuncia o publica es solo alimentos chatarra, de tal manera que esta será la alimentación que el niño seguirá pues al no tener un buen cuidado de parte de sus padres de los cuales en el mejor de los casos, será la madre la que estará al tanto de su alimentación pues generalmente el padre brilla por su ausencia, veremos que si la madre es disfuncional, será fácil imaginar que educación alimenticia le dará a su o sus hijos, además sucede que la madre cuando tiene problemas muchas veces recurre a la comida para mitigarlos y así ella se convierte en una mujer con sobrepeso u obesidad y eso mismo harán sus hijos además de que cuando la madre trabaja obviamente no tendrá tiempo de cocinarle a su familia de una manera ideal, esto hace que la comida sea escasa en aportar los requerimientos nutritivos como los aminoácidos, las proteínas, las vitaminas así como los ácidos grasos sanos en su alimentación predominando los carbohidratos, alimentos que realmente no nutren al niño, razón por la que estos comen de más o a cada rato pues al faltar los nutrientes específicos, el cuerpo lo que percibe es, falta de alimento por lo que buscara saciarse solo comiendo de más de lo que habitualmente come y caemos en la misma situación por lo que la solución a ese problema no es prohibir la venta de alimentos chatarra sino educar a nuestros hijos desde casa en una alimentación sana, higiénica y si es posible, preparada por su mama ya que ella le agregara a cualquier alimento que prepare ese toque a través del cual no solo le dará de comer sino además algo tan importante como el amor que ella y solo ella es capaz de transmitir a su familia y que percibirán y recibirán cuando los alimentos así preparados sean consumidos por ellos, cumpliendo así uno más de los objetivos de comer en casa que es la convivencia familiar indispensable en toda familia y que cada vez existe menos y si la obesidad infantil es un problema que podemos decir de.

ALCOHOLISMO EN EL ADOLESCENTE

EL ALCOHOLISMO EN LOS ADOLESCENTES. Problema que actualmente vemos y que no por ser el vicio más común o antiguo, deja de ser un verdadero problema, pues será porque se ha minimizado su existencia o que pensamos que es hasta cierto punto normal, que está tan difundido y que cada día ocurre más frecuentemente entre jóvenes principalmente adolescentes y además sucede ahora que son más las mujeres quienes ingieren bebidas embriagantes y desde muy temprana edad, así vemos niñas de secundaria y no se diga de nivel preparatoria que ingieren licor en cantidades cada vez más abundantes llegando a extremos de verdad preocupantes. Sabemos que el alcoholismo está considerado como una enfermedad y por esta razón ahora se le trata de manera especial aunque por sus características no tenga un tratamiento específico y sea solo a través de un equipo multidisciplinario como mejor resultado da su manejo y que aun así requiera de grupos de apoyo específicos que harán que el alcohólico se mantenga sobrio durante mucho tiempo a veces y en no pocos casos se cure. Aun así este es un verdadero problema y la solución no es, que proliferen los grupos de alcohólicos anónimos (AA) pues no necesitamos más grupos de apoyo, lo que realmente necesitamos son menos alcohólicos, así como no necesitamos más hospitales sino menos enfermos, pero esta manera de pensar y de solucionar la problemática no es la de la mayoría de la gente, y menos la de nuestros legisladores, pues ellos creen solucionar los problemas como ya hemos visto, creando instituciones de protección que cada día son rebasadas porque cada día son más los jóvenes que requieren de apoyo de todo tipo, legalizando actos reprobables con la finalidad de evitar la muerte de adolescentes por ejemplo, pero que no resuelve el problema y por el contrario lo empeoran creo yo, pues ahora el joven sabe que el gobierno lo va a ayudar a, abortar por ejemplo y eso solo aumenta o fomenta el libertinaje que es precisamente lo que se debe evitar. En fin soluciones equivocadas abundan cada día, como vemos esto no funciona y si al investigar ésta situación vemos que la causa de este vicio es nuevamente la familia, entonces podremos deducir que un adolescente se hace alcohólico a través del descuido de sus padres, pues no se hace alcohólico a la primera o desde la primera vez que prueba una bebida embriagante, sino que esto se produce a lo largo del tiempo en que este joven prueba una y otra vez bebidas de este tipo, y en esos casos lo que encontramos es que sus padres brillaron por su ausencia, no estuvieron en casa cuando el chico empezó a beber para ofrecerle su apoyo y ayudarlo a resolver su situación, cuando aún no es un problema y es más fácil evitar que el joven caiga en las garras de este vicio y así cuando se dan cuenta es porque el alcohol ya ha hecho estragos en el joven y ahora ya no será tan fácil remediar este problema, pues ya ha caído en el vicio del alcohol y de él ya no se librará fácilmente a lo que contribuye, la falta de conocimientos por parte principalmente del padre, pues lo único que se le ocurre en una situación así es castigarlo incluso a golpes, con lo que solo agrava la situación y si el muchacho tenía alguna esperanza de salir adelante con esta actitud tan errónea del padre ahora si se convierte en un adicto con todas las consecuencias que esto conlleva, pues ahora todo intento de rehabilitación será rechazado por el muchacho como resultado del resentimiento que los castigos del padre le han dejado y mientras este resentimiento no sea resuelto, este joven nunca aceptará siquiera intentar acudir a un grupo de apoyo o someterse a terapias tendientes a rescatarlo de este vicio. Por eso pienso que la solución a este problema es remediar la situación de la familia pero para esto debemos empezar por la cabeza, que es el padre, pues un padre sano y feliz hará que sea necesario y hasta lo imposible para curar a su hijo y aceptará cualquier sugerencia tendiente a remediar este problema, además de que estará al tanto de su hijo. Esto es fundamental en lo que se refiere al tratamiento del alcoholismo, pues lo que más requiere un joven en estos casos es atención y esta atención solo se la pueden dar sus padres o mejor dicho nadie puede prestarle más atención que sus padres o dicho de otra manera, la mejor atención será la que sus padres le provean. Y si por la falta de atención de sus padres es que cayó en las garras del alcoholismo, es ahora con la atención de ellos como se podrá revertir su enfermedad. Cuando los padres y en especial el papá está al tanto de sus hijos, nunca pasara inadvertido el momento en que el joven prueba por primera vez el alcohol o en las primeras ocasiones que lo haga y en este momento será más fácil encausar al joven por el camino adecuado con el apoyo y los consejos de su padre fácilmente sabrá que es querido, aceptado y que sus padres están al tanto de él. Esto es lo único que evitara que se vuelva un adicto, desgraciadamente en la mayoría de los casos no ocurre así y al no estar presente el padre, la evolución de este problema es la que todos conocemos y que da como resultado la alta incidencia de alcoholismo en los adolescentes. Si continuamos tocando el tema del alcoholismo vemos con preocupación que las niñas adolescente son ahora las que más toman y casi siempre bebidas fuertes, llámese ron, vodka o principalmente tequila y así vemos una gran cantidad de niñas alcoholizadas en los antros o a la salida de la escuela o incluso en horas de clase pues es muy fácil faltar a clase si los padres no están al tanto del cumplimiento de estas actividades, mucho menos lo estarán los profesores acentuándose este problema cada vez más y más sin que tenga una solución fácil, si nos referimos nuevamente a la causa de todos estos problemas, la familia es la que favorece estas situaciones al ser disfuncional, de lo cual inferimos que solo podemos hacer algo o revertir este problema tan grave, si la familia nuevamente recupera su papel hablando de todos los miembros que la integran y recuperan la funcionalidad que debe tener. Porque como sabemos el problema del alcoholismo va de la mano de situaciones aún peores como.

RELACIONES SEXUALES PREMATURAS

LAS RELACIONES SEXUALES sin freno a edades cada vez más tempranas y ahora sin protección pues el estado de embriaguez obnubila la mente y si alguna idea se tenía de la protección o precaución al momento de tener relaciones sexuales ahora no existe o simplemente se ha olvidado, con las consecuencias que fácilmente podemos predecir, embarazos no deseados que en muchas ocasiones van a terminar en abortos clandestinos con el riesgo que esto implica, y que va desde un procedimiento adecuadamente hecho y "sin problemas técnicos", hasta complicaciones de diversa gravedad, llegando en algunos a casos a la misma muerte de la joven embarazada, razón por la cual han existido recientemente propuestas de nuestros legisladores y del público en general, de organismos gubernamentales y no gubernamentales para legalizar el aborto, lo que nos da una idea clara de la gravedad del problema, siendo estas propuestas aceptadas ya en algunos estados, situación que no resuelve la problemática pues como he anotado ya "NO NECESITAMOS MÁS SITIOS PARA PRACTICAR ABORTOS SEGUROS, NECESITAMOS QUE NO HAYA MÁS EMBARAZOS NO DESEADOS". y por el otro lado, si no se toma la decisión de abortar, este embarazo terminara en matrimonios entre jóvenes o niños, pues una mujer de entre 12 a 15 años es una niña, una niña que ahora simple y sencillamente tendrá que truncar su niñez para convertirse de la noche a la mañana en una madre, situación que conlleva todas las responsabilidades que conocemos y para las que nunca estará preparada esta criatura, dando ahora como resultado niños mal cuidados y mal educados en el mejor de los casos pues estos niños lo que van a sufrir en muchas ocasiones es maltrato, violencia intrafamiliar, en fin de una u otra manera su futuro es en nada halagüeño.

Ahora bien si ya esto es grave hay cosas aún peores y que desgraciadamente están ocurriendo en nuestros días y van en aumento al igual que todo lo que estoy comentando como sucede con el suicidio.

SUICIDIO EN EL ADOLESCENTE

EL SUICIDIO EN ADOLESCENTES, el cual ocupa el tercer lugar como causa de muerte en este grupo de edad superado solo por los accidentes y la drogadicción. Problema demasiado grave pues se trata de la vida de jóvenes que de otra manera tendrían un futuro promisorio. Si tomamos en cuenta que un adolescente es el individuo entre los 10 y los 19 años de edad veremos que este problema tiene la misma causa que los otros a los que me he referido "EL ABANDONO DE LOS PADRES", pues la causa del suicidio a esta edad es la depresión y es verdaderamente alarmante saber que actualmente según las estadísticas de cada 10 adolescentes, 7 padecen depresión. Lo que fácilmente nos da una idea clara de la gravedad de éste problema, pues mientras esta enfermedad no sea tratada adecuadamente los casos de suicidio cada día irán en aumento en lugar de disminuir, situación verdaderamente grave pues se trata del futuro de nuestra sociedad, así que hablemos un poco de este problema.

¿Porque se suicidan los adolescentes? ¿Por qué aparece la depresión en este grupo de edad? Estos problemas aparecen porque si vemos, desde pequeños los niños están prácticamente abandonados y las estadísticas así lo demuestra pues se sabe en base a estos estudios estadísticos que existe 20 veces más probabilidades de suicidio entre jóvenes en quienes la figura paterna no existió, es excepcional que un joven de estos tenga un propósito en su vida, recordemos que todos, absolutamente todos tenemos o debemos tener un propósito en nuestra vida, es decir que todos tenemos en mente algo que es nuestro fin en esta vida, debemos saber cuál es ese propósito por el que estamos en este mundo y sobre este trabajar, es decir que nuestros esfuerzos o nuestro trabajo debe tener un porqué, debemos saber porque estudiamos, para que o que estudiamos, porqué estamos en determinada escuela y para entender esta problemática, permítame decirles que desde hace más de 20 años imparto clases a jóvenes que cursan el segundo año de la carrera de Medicina y Cirugía, son jóvenes entre 17 y 21 años de edad en promedio, pues resulta que a estos jóvenes una vez que los conozco un poco, más o menos al mes de estar en contacto con ellos, les hago un examen muy simple que consiste en que en una hoja en blanco escriban las tres razones principales por las que quieren o desean ser médicos y he notado a lo largo de los años lo siguiente: que hace 20 años todos estos muchachos, hombres o mujeres no tenían ningún problema para responder a esta pregunta y con demasiada facilidad escribían esas tres razones, cosa que actualmente ya no ocurre pues ahora al hacer la misma pregunta, es verdaderamente excepcional el joven que escribe esas tres razones, siendo que la mayoría se queda pensativa, la mayoría de jóvenes no aciertan a escribir alguna razón por la cual están en esta escuela, es decir, no saben porque quieren ser médicos y al ser de las profesiones más demandantes, es fácil suponer la gran cantidad de deserción escolar que ocurrirá o en el otro caso cómo imagina usted un médico que lo es sin saber porque lo es. Un médico que termino la carrera solo porque sus padres le dijeron que tenía que ser médico, eso sería creo yo más terrible, pues la carrera de medicina y cirugía es un apostolado y hay que tener muchos valores morales para llevarla a la práctica de manera adecuada, es decir, que un médico no es solo el profesional que estudio y termino la licenciatura sino aquel profesional que siente el dolor de su paciente, que entiende el sufrimiento del enfermo y que está dispuesto a sacrificarse en cierta manera para aliviarlo de su dolor o librarlo de su enfermedad y así por el estilo creo sucede en cualquier otra profesión. Si el joven no sabe porque está estudiando tal o cual cosa esto solo dará como resultado malos profesionistas, con las consecuencias que usted puede imaginar, y nuevamente vemos que esto que ocurre con estos jóvenes se debe principalmente a la falta de padre en el hogar lo que hará que el muchacho no tenga siquiera un ideal de hombre, no tenga un modelo a seguir y no tenga aspiraciones, pues al encontrarse la mayor cantidad de tiempo solo lo único que tiene es soledad, tristeza, sensación de abandono y depresión, y así poco a poco llega el momento en que al no vislumbrar siquiera un futuro promisorio o por lo menos bueno decida ponerle fin a su vida. Desgraciadamente este problema es más grave de lo que a simple vista parece pues si vemos la frecuencia de depresión entre adolescentes. Que como ya anotamos ocurre en 7 de cada 10 adolescentes, es verdaderamente enorme la cantidad de adolescentes que padecen este mal y lo peor es que al convivir con otros adolescentes con el mismo problema, en vez de buscar una solución a esta depresión lo que hacen es idear juntos la manera de terminar con su existencia y de esta manera lo único que se favorece es que aumente la cantidad de suicidios entre esta población, el suicidio se presenta por igual entre grupos de jóvenes de diferente clase social o económica pues la depresión los afecta en la misma proporción. Afortunadamente en nuestros días existen medicamentos muy potentes para tratar esta enfermedad y solo es cuestión de que los padres pongan atención a la conducta de sus hijos para detectar a tiempo este problema y acudir en busca de ayuda especializada la cual debe ser como su nombre lo indica, especializada pues es un problema grave que requiere la mejor atención y no solo atención. Sin olvidar que el fondo de este problema es la familia por lo que habrá que resolver al mismo tiempo la problemática familiar para que el manejo de la depresión del joven sea verdaderamente efectivo y no solo paliativo pues si la familia no es funcional el paciente no podrá ser dependiente de tratamiento de por vida pues estos fármacos tienen una característica especial. Todos causan tolerancia, es decir que a medida que se toman por tiempo prolongado, cada vez se requieren dosis mayores para mantener o alcanzar sus efectos además de que son especialmente costosos, además de lo anterior causan dependencia es decir que ahora el joven ya no puede salir adelante sin que ingiera estos fármacos pues si los abandona, la depresión vuelve a aparecer pero ahora con más intensidad o gravedad y obviamente esto incrementara la frecuencia de suicidio, lo que nos da una idea clara de lo grave de este problema.

FARMACODEPENDENCIA

Si continuamos con esta temática. Es realmente alarmante saber que en los Estados Unidos de Norteamérica se consumen cada año 5, 000, 000,000 de tranquilizantes, 5, 000, 000,000 de barbitúricos, 3, 000, 000,000 de anfetaminas y 10,000,000,000 de toneladas de aspirinas, sin contar las cantidades verdaderamente industriales de alcohol, nicotina y otras drogas, licitas e ilícitas.

La gente consume drogas en busca de un bienestar, que está muy lejos de alcanzar de esta manera pues la razón de ese malestar que sienten no es meramente orgánico sino emocional y eso solo se resolverá cuando la familia vuelva a ser lo que antes fue, es decir, cuando la familia sea nuevamente funcional, sea un núcleo donde cada uno de sus integrantes cumpla con su función específica, es decir, que cada uno cumpla con el rol que le corresponde como padre, madre, o hijo y para esto habrá que componer primero al hombre pues lo que ocurra con su familia es su total responsabilidad y si no digo culpa es porque fácilmente el varón podrá argumentar en algún caso problemático. "ESA NO FUE CULPA MÍA", solo a manera de ejemplo. Y podrá ser cierto que no fue su culpa pero aunque no sea él, el directamente culpable si es en cualquier situación el directamente responsable y si él es el responsable le toca a él también remediar esta problemática situación pero para esto él hombre de la casa debe ser una persona feliz y emocionalmente estable.

La cantidad de fármacos y drogas licitas e ilícitas que se consumen actualmente es un reflejo fiel de la problemática familiar en que ahora crecen nuestros jóvenes. Problemática creada por la pérdida de valores dentro del núcleo familiar dado por la falta de la presencia del padre y ahora de la madre como lo demuestran las estadísticas pues se sabe que la falta de la figura paterna incrementa hasta 20 veces la probabilidad de que los hijos caigan en problemas de drogadicción. Todo esto acarrea un sin fin de problemas que solo se resolverán cuando la familia funcione como debe funcionar pues es ahí donde se gesta toda esta problemática que lleva al individuo a ingerir todo tipo de sustancias en busca de un bienestar que de esa manera nunca hallara.

Es conveniente mencionar que ya sea en el hombre o la mujer una sentencia de muerte siempre logra aclarar los valores de una persona, pero yo creo que no debemos esperar a que algo así nos ocurra para cambiar y recuperar esos valores, no debemos esperar a que una enfermedad grave aparezca para entender que hemos descuidado tanto nuestro cuerpo, tanto nuestra salud que ahora aparece un cáncer por ejemplo y es hasta entonces que cambiamos drásticamente nuestra alimentación, evitamos los azucares, el alcohol, comemos verduras, tomamos suplementos alimenticios, hacemos ejercicio, en fin todo lo que sabemos es sano y nos ayudara a recuperar nuestra salud a veces pues lo que ocurre con mayor frecuencia es que cuando nos damos cuenta de esa enfermedad ésta ya está tan avanzada que aun con toda la ciencia encima no es posible recuperar nuestra salud y para entender mejor esto quisiera recordar la frase que dijera Mahoma

"LO QUE MÁS ME LLAMA LA ATENCIÓN DEL HOMBRE ES QUE SE PASA LA VIDA ACUMULANDO DINERO A COSTA DE SU SALUD PARA DESPUÉS GASTAR TODO ESE DINERO QUERIENDO RECUPERAR SU SALUD".

La gente en nuestros días vive la vida como si se treparan a un juego mecánico extremo, es decir, que no tienen control sobre ella y se limitan a vivir o mejor dicho a sobrevivir en un mundo de estrés al cual se hacen adictos sin darse cuenta que el estrés siempre va a causar una serie de reacciones en el cuerpo que al final darán como resultado enfermedades y desgraciadamente todas graves.

Mucha gente se enferma gravemente después de una pérdida, llámese, separación, divorcio, bancarrota, la muerte de un hijo, un accidente grave etc. Todas estas situaciones son acontecimientos que marcan la vida de las personas y de estos quisiera destacar el divorcio. La pérdida del vínculo matrimonial que representa una pérdida grave para ambos, porque en una separación no existe ganador ni perdedor, sino que todos pierden y más aún los hijos, pues ellos siempre serán severamente afectados. Así cuando la separación ocurre a los pocos años de matrimonio y los hijos son aún muy pequeños (menores de cinco años) vemos que esta situación les afecta muy poco porque es hasta después de esta edad que los niños toman conciencia de la perdida que significa una separación de los padres, que los deja con uno solo de ellos generalmente la madre, la cual también tendrá que cambiar su situación pues lo más saludable será que ambos vuelvan a unir sus vidas a una nueva pareja. Pues como veremos, los dos tienen como una necesidad fundamental el sexo y si son jóvenes aún, esto será más necesario. La situación cambia cuando la separación se da en la pareja adulta cuando después de años de matrimonio deciden divorciarse, ambos experimentan una perdida mayor y los hijos son ahora mayormente afectados pues ahora ellos también sienten ésta perdida y eso marca sus vidas para el futuro, es en estos casos que la pareja sufre frecuentemente enfermedades graves una vez divorciados las que van desde enfermedades relativamente leves hasta las más graves siendo una de ellas nuevamente el cáncer.

Con estos antecedentes creo yo es necesario hacer algo y de manera urgente por remediar la problemática actual de la familia pero para entender esta problemática habrá que empezar por el principio es decir por el origen de la familia la cual se forma desde que un joven y una señorita deciden tener una relación. Iniciando lo que se conoce como.

EL NOVIAZGO

EL NOVIAZGO pues de ahí partirá el que estos dos jóvenes terminen formando una pareja y luego una familia así que vamos a ver que es el noviazgo, pues desde este momento la idea es formar una familia pero antes debemos saber qué tipo de familia queremos formar o quieren formar nuestros hijos, desgraciadamente si ya la familia de la cual proceden estos jóvenes es disfuncional será prioritario en primer lugar remediar esta situación pues como los jóvenes aprenden más por el ejemplo, que por lo que se les dice es fácil suponer que si su familia es disfuncional su idea de familia también estará distorsionada y ese tipo de familia es el que formaran en la mayoría de los casos. Así que una vez aclarado esto, partiré de la definición de novio la cual así como se lee literalmente es (NO-VIÓ) Ésta creo yo es la definición correcta, pues vemos que los jóvenes se casan casi sin ver y a este respecto les diré que el hombre generalmente es visual esto quiere decir que el sentido que más ocupa o del que dependen sus estímulos más potentes es la vista y en este caso no puede ser la excepción así que el hombre se enamora por los ojos y lo que más le llama la atención de una mujer es su belleza, su figura y en especial las partes que de esa figura le atraigan más, ya sean sus piernas, su cadera, su busto, su cara, en fin ya sabemos que en cuestión de gustos se rompen géneros y en el noviazgo nada es más cierto, pero si nos referimos a la fisiología ocular vemos que al ojo humano la simple velocidad de las imágenes lo engaña fácilmente y por eso es que un muchacho adolescente no ve ni siquiera a quien invita a salir hasta que ocurre la cita y tiene más tiempo para verla con más calma, por eso es que ocurre también que un travesti fácilmente puede engañar a un joven pues la velocidad con que ocurren las cosas en muchos casos hace frecuentes las equivocaciones, las cuales en muchos casos generan un verdadero problema.

Por otro lado la mujer se enamora por los oídos y por lo tanto tampoco
ve siquiera quien le habla sino solo oye lo que dice, cómo lo dice y en
qué circunstancias lo dice, siendo esta la razón por la que son presa fácil
de adultos u hombres maduros que se aprovechan de esta característica
femenina, y por eso vemos frecuentemente parejas de hombres adultos
con jovencitas preparatorianas o de secundaria incluso, cosa que no ocurre
igual con la pareja de mujer adulta con un hombre joven, pues a éste la
simple vista de una mujer de mayor edad que él, generalmente lo aleja casi
de inmediato, pero sucede que la mujer por todo lo que ahora existe en el
mercado aparenta menos edad de la real, y así comprobamos nuevamente
la deficiencia ocular que tienen los jóvenes quienes son fácilmente
engañados por estos artificios, o en otros casos será presa de mujeres
adultas por interés, pues la necesidad económica es un problema cada
día más apremiante y ante la falta de fuentes de empleo el joven termina
siendo prácticamente comprado por mujeres maduras, ya sea divorciadas,
separadas, o viudas adineradas con los que forman parejas "disparejas" diría
yo, pero que cada día vemos con más frecuencia, aunque siempre será más
común ver parejas de hombres adultos con mujeres jóvenes que de mujeres
adultas con hombres jóvenes, y si nos referimos a la cantidad de jóvenes
que se casan con mujeres mayores que ellos es fácil predecir que tampoco
durara mucho esta relación, pues es imposible detener la edad por mucho
tiempo. Así que veamos que debe saber un joven varón que desea casarse.
Primero debe saber que a él le corresponderá todo lo que se refiere al
manutención primero de su pareja y posteriormente de los hijos y por
ahí debe empezar, es decir deberá tener primero un trabajo estable o un
negocio redituable o una profesión terminada y con el documento que la
avale, es decir el título, pues es común ver jóvenes profesionistas sin título
que no encuentran ni encontraran trabajo simple y sencillamente porque
no tienen ese documento y si terminando su preparación no se titulan,
posteriormente será cada vez más difícil titularse por una u otra razón,
primero las necesidades que su nueva familia le impone y luego porque
los planes de estudio cambian frecuentemente y al no estar actualizado
en los avances que su profesión exija, se quedara cada día más y más
atrasado en el conocimiento que se requiere para ser ese profesionista que
soñaba, truncando casi definitivamente su carrera y a veces su vida pues
de la frustración y decepción por no titularse difícilmente se repondrá,
de manera tal que esto es un punto importantísimo que nosotros como
padres debemos procurar y estar al tanto de que nuestros hijos culminen

una preparación, que no necesariamente debe ser una licenciatura, pues el concepto de una carrera larga debe pasar ya a la historia, pues tan buena es una profesión como una carrera técnica e incluso en nuestros días los que más solicitados están son los profesionistas de nivel técnico, así que prácticamente no hay pretexto, obviamente hay que ver cuál será la mejor elección pero cada vez hay más y más posibilidades en casi todos lados y si al joven no se le da la ciencia existen trabajos tan dignos y lucrativos como las ventas, que son una opción real y aunque es difícil la profesión de vendedor es la más lucrativa de todas y como trabajo es ideal para mucha gente sin tener que ser médico, abogado o ingeniero. O si se requiere otra opción los negocios son una y muy buena, pues en el lugar adecuado un local de venta de tacos o tortas es muy rentable, y así podemos hablar de muchas maneras más de obtener ingresos suficientes para iniciar una vida en matrimonio. Una vez con este punto resuelto lo que necesita saber el joven es que este será solo el inicio, pues con el correr del tiempo las necesidades de la familia siempre irán en aumento de tal manera que, sus ingresos cada día deberán ser mayores, pero ya no dependerá de él solo, sino que con el apoyo de la pareja será más fácil de superar estas circunstancias y aunque la preparación académica tal vez no sea requisito indispensable, el joven deberá adquirir una preparación aunque sea modesta, pues los niños requieren apoyo en muchas actividades escolares o extra escolares y requieren de los padres para llevarlas a cabo sin problema, por eso es que el nuevo padre tendrá que prepararse aunque sea ya en su casa o de alguna otra manera, pues lo va a necesitar a medida que sus hijos crecen, punto que en los hombres preparados no por esta razón, está resuelto, pues resulta que de nada sirve la preparación si no se está en contacto con los hijos, situación que como estamos viendo es la más común en nuestros días.

Una vez que sabemos que el hombre se enamora por los ojos, la mujer por los oídos, debemos saber que todos los hombres tenemos un modelo de mujer, al igual que las mujeres tienen un modelo de hombre, que tenemos gravada una imagen de nuestra mujer ideal y es con quien soñamos casarnos y esta podrá ser, flaca, gorda, alta, bajita, blanca, morena China o lacia en fin, las características que buscamos los varones en nuestra mujer ideal son tan variadas como hombres hay y por esto recalco nuevamente que "EN CUESTIÓN DE GUSTOS SE ROMPEN GÉNEROS". Pues cada cabeza piensa de manera única e independiente, el asunto es que como el hombre se enamora por los ojos debemos saber que la belleza no es eterna y que poco a poco y a veces demasiado rápido, se acaba y con ella muchas veces o la mayoría de estas, el amor, obviamente esto sucede cuando la mujer solo tiene belleza física, y no tiene otro tipo de belleza, (la belleza interior, la belleza espiritual) la cual consiste en la cantidad de valores morales que tenga, la educación que de sus padres haya obtenido, las cualidades y virtudes que haya cultivado en fin todo eso que no se ve pero que tiene y que son precisamente lo que hace que esa belleza física solo sea una de tantas características que tenga y que solo afloran en la medida que convive con la persona y se van conociendo haciendo cada día más estrecha esa relación de noviazgo primero y después de pareja así vemos que un noviazgo fundado solo en la belleza física está condenado a fracasar una vez se termine esta, en cambio un noviazgo cimentado en esos valores cada día será más estable más sólido y permanente pues estas características con el tiempo relumbran más y más y se hacen más importantes, fuertes, sobresalientes y muy especiales, dándole al matrimonio precisamente eso, solidez y haciendo que ese vínculo de amor sea cada día más firme y Haga que la pareja pueda soportar todas las adversidades que la vida le ponga, pues debemos saber que "LOS ERRORES SON GRANDES CUANDO EL AMOR ES PEQUEÑO Y AL REVÉS, LOS ERRORES SON PEQUEÑOS CUANDO EXISTE UN GRAN AMOR" y por lo tanto sean perdonados o de lo contrario causaran un problema mayor cada vez, pues si el amor va disminuyendo en la misma proporción los errores crecen cada vez y son más difíciles de perdonar.

Si ya hemos visto que el amor se acaba cuando se acaba la belleza nos explicaremos fácilmente el por qué la incidencia de separaciones o divorcios tiene una alta incidencia en dos etapas de la vida matrimonial siendo la primera la que ocurre alrededor de los dos años de casados pues en este lapso solo hubo tiempo de disfrutar la belleza física mientras la mujer se embaraza, evento que en un primer momento refuerza el vínculo matrimonial pues todos sabemos lo especial que resulta para la pareja de recién casados saber que ahora han engendrado un hijo pero este evento tan especial tiene además otros cambios como son todas las alteraciones que el embarazo produce principalmente en el cuerpo de la mujer, eso cambia drástica y dramáticamente su cuerpo afectando lo que ya dijimos, la belleza, es por eso que una vez que nace el niño si la mujer no recupera esa belleza que antes tenía y si además ahora se dedica más al niño que al esposo se rompe ese vínculo que los unió y terminan separándose en esta etapa y si por alguna razón se mantiene el matrimonio normalmente lo que ocurre es que esta relación se estabiliza más o menos y esto dura mientras los niños son pequeños y están al cuidado de la madre pues verlos crecer es una de las más grandes satisfacciones que como padres tenemos haciéndose esto en muchos casos el centro de atención tanto de la madre como del padre, desgraciadamente esto no dura toda la vida pues al pasar el hombre a segundo plano se genera en él un sentimiento de minusvalía y la manera que tiene de resolverlo es abandonando el núcleo familiar y así el padre abandona poco a poco el hogar por las causas que queramos anotar y es hasta la etapa en que los niños son adolescentes cuando el matrimonio sufre una nueva crisis pues entonces aparecen una serie de cambios en los jóvenes que van desde los más leves hasta problemas muy graves de alcoholismo y drogadicción por ejemplo o de embarazos no deseados solo por anotar tres de los principales problemas que requieren de la presencia del padre y como éste se ha desobligado desde hace ya un tiempo del núcleo familiar ahora no sabe o ya no puede enfrentarlos y si además agregamos que el vínculo de pareja se ha roto o es mínimo lo más fácil es abandonar a la familia o divorciarse legalmente, esas son las dos principales etapas de divorcios o separación del vínculo matrimonial, todo esto empeorado en nuestros días por el hecho de que desde hace ya hace algún tiempo ahora la esposa trabaja y eso la hace sentirse independiente es decir que sabe que sola puede sacar adelante a sus hijos y por esta razón el esposo ya no es necesario y en cambio este se convierta en una carga o un estorbo para la esposa la cual ahora ha suplido las funciones que el varón tenía cuando estaba presente o al inicio de la vida conyugal, si queremos encontrar solución a esta problemática ahora veamos lo que realmente ocurre y el por qué la relación de pareja se distancia en esta etapa, primero debemos saber que la pareja se une con un fin casi universal y que por nuestra cultura, sociedad o tabúes ocultamos casi siempre y que es la satisfacción sexual, la verdad es que nos unimos o buscamos una pareja para satisfacer nuestra necesidad de satisfacción de sexo, es por eso que lo más hermoso de la vida marital es la luna de miel pues en esta etapa el único trabajo de la pareja es satisfacerse uno al otro, sin estorbos, en total intimidad y para esto ni el lugar cuenta o debe ser especial es decir no tiene que ser la playa o un bosque un paisaje nevado o las más extraordinarias cataratas del mundo, un hotel 5 estrellas o un penthouse sino que da lo mismo que sea un departamento en el décimo piso de un multifamiliar del DF. O un cuarto de azotea pues lo único que necesita el hombre es a su mujer y la mujer a su hombre, si esto fuera eterno o permanente podemos asegurar que esa pareja será estable siempre pues la actividad sexual no termina ni debe terminar con la luna de miel desgraciadamente no ocurre así y una vez concluida ésta habrá que volver a la realidad y generalmente lo que ocurre es que la actividad sexual es dramáticamente reducida y la frecuencia de las relaciones sexuales se minimiza por el simple hecho de los compromisos que ahora enfrenta la pareja pero siempre con la ilusión de crecer y de que llegue el primer hijo lo que ocurre generalmente en los primeros meses de la vida en pareja lo cual ahora en muchos casos termina con la relación sexual pues existen muchos temores o creencias erróneas respecto de las relaciones sexuales durante el embarazo y no se diga cuando este es un embarazo complicado o difícil lo que en muchos casos acaba definitivamente con las relaciones sexuales de la pareja, situación poco entendida y menos aceptada por el varón principalmente pero que finalmente espera que esta situación mejore o se revierta una vez que el niño nace, situación que no sucede y si por el contrario empeora pues ahora el niño se convierte en el centro de atención casi total de la madre y el padre solo acepta esa situación unos meses más pero cada día al no tener esa satisfacción sexual tan importante y urgente del hombre simple y sencillamente termina con la relación y lo más espectacular de esto es que la esposa no sabe por qué pues ella no hizo absolutamente nada y desgraciadamente es así, no hizo nada malo solo dejo de hacer lo que hasta antes de embarazare había hecho, probablemente esto se deba a la falta de comunicación entre la pareja pero creo yo que se debe más a la falta de sinceridad y a la falta de información pues existen aún en nuestros días creencias erróneas sobre las relaciones sexuales y el embarazo y son realmente eso creencias erróneas que por lo tanto tienen una explicación y una solución tal vez demasiado fácil y sencilla, aunque esto se deberá tratar ya de manera profesional y no necesariamente con una separación pues es demasiado sencillo de remediar si la pareja acude al profesional adecuado para manejar esta situación.

LOS VALORES

Ahora veamos que deberá buscar el varón en la mujer antes de casarse, además de la belleza claro que como ya vimos es el origen de una relación, creo yo punto primordial para casarse es que la mujer posea ESOS VALORES que están desapareciendo en nuestros días pero que aún existen aunque sea raro encontrarlos y de eso se trata de buscar la mejor pareja, pues debemos estar conscientes que la esposa es nada menos que la persona con quien compartiremos el resto de nuestra vida y ese resto no son meses o unos años, es realmente mucho tiempo, a veces muchos años tantos como 70 o más, lo que realmente es mucho tiempo y pasarlo mal no sería una buena decisión. Así que veamos qué es lo que el joven varón debe buscar en la mujer con quien desea casarse. Los valores a los que me refiero son específicamente, el respeto, la honestidad, la sinceridad la educación, la pulcritud, la fidelidad, la decencia, la amabilidad, la sencillez, la solidaridad, la dignidad y la honradez.

Tal vez cualquier hombre joven se espante con la lista que acabo de anotar pero, como vamos a ver estos valores son la piedra angular sobre la cual edificaremos una familia y solo sobre una piedra firme podremos edificar una institución como esta y más que esa institución deberá permanecer unida toda una vida pues, esa es la intención a menos que como piensan ahora los jóvenes, "será solo por un tiempo y si vemos que no nos conviene o ya no nos gusta pues simple y sencillamente la terminamos y comenzamos otra relación" si bien es difícil encontrar todos estos valores en una mujer joven, en nuestros días es precisamente esa falta de estos valores lo que ha hecho que cada vez sean más frecuentes los divorcios tempranos. Vamos a ver que si bien es difícil encontrar una mujer con estos valores, cuando la encontramos podemos estar casi seguros que esta relación de pareja que iniciamos tendrá más posibilidades de ser estable. Desgraciada o afortunadamente estos valores son o deben ser enseñados en el hogar, es decir, que son responsabilidad de los padres, y de esto vamos a hablar más adelante cuando veamos como revertir la situación que vivimos en este momento o como mejorar nuestra familia para ahora educar a nuestros hijos en los valores que deben tener antes de iniciar una relación de pareja, para ser más explícito vamos a describir cada uno de estos valores para que nos entendamos y veamos porque creo yo deben estar presentes antes de casarse con una persona, y empezaremos por el respeto.

1. RESPETO. Este valor según la real academia de la lengua española se define como la --"CARACTERÍSTICA DE TODO HOMBRE O MUJER QUE APRECIE SU CUERPO, MENTE Y ESPÍRITU DE TAL MANERA QUE NO PERMITA QUE ALGUIEN ATAQUE ESTA PARTE DE SU SER"--. El respeto se aprende cuando en la familia la niña ve, que la madre se dirige a su esposo con palabras adecuadas, sin gritos o malas palabras (groserías) y de esta misma manera será el esposo cuando se dirige a ella. Cuando la niña ve que a su madre su padre le pide las cosas con esas sencillas palabras (por favor), cuando la madre no permite que se le grite sin razón o se le pidan las cosas a gritos, cuando la madre no permite que su esposo la humille, la menosprecie, la insulte y menos la agreda o maltrate físicamente, eso le dará a la niña una clara idea de que su mamá primero que nada se respeta ella misma, respeta su cuerpo, sus pensamientos y sus creencias, pues somos seres integrales compuestos por una mente, un cuerpo y un espíritu y estos tres aspectos de nuestro ser merecen el mismo respeto es decir no pueden ser tocados y menos agredidos por cualquiera, trátese de quien se trate. Esta manera de ser de la mujer solo será posible cuando tenga bien aprendido este valor, pues de otra manera no sabrá siquiera que está siendo agredida física, mental o espiritualmente cuando ocurra, pues a la larga esto siempre degenera y poco a poco será más grave la agresión o el daño, llegando a extremos increíbles pues como vemos cada día de manera más frecuente, casos que ahora son noticia primero y después pasan al olvido, pues al hacerse más comunes dejan de ser llamativos y se toman como algo normal. El respeto bien aprendido se notara desde la primera vez que entra en contacto una joven, con un muchacho, pues está no permitirá siquiera que se le llame de otra manera que no sea su nombre, por ejemplo, y menos aceptara ser tocada de una manera no adecuada, es decir, no permitirá ser manoseada, no permitirá la crítica o la humillación y desde este momento pondrá sus límites o simple y sencillamente no

dejara seguir esta relación, pues si el joven no la respeta desde el primer momento, ella sabrá que no será una buena relación.

2. HONESTIDAD: Es un valor que según la real academia de la lengua española --"CONSISTE EN MOSTRARNOS TAL CUAL SOMOS"-- cuando no por conseguir algún bien cambiamos fácilmente de manera de pensar, cuando no nos permitimos decir mentiras, cuando hablamos sin miedo, cuando conservamos la imagen que aparentamos, cuando estamos o somos conscientes de nuestros atributos pero también de nuestras carencias, cuando nos mostramos tal como somos y aceptamos ser tal cual somos. Esto lo aprenderá la niña cuando vea que su mama nunca presume cosas que no tiene, que le dice a su esposo francamente qué desconoce y qué sabe que puede hacer bien y en que necesita ayuda, una hija aprenderá esto de su madre, cuando ve que su mama comenta con su papá que va a hacer porque lo sabe hacer o le pregunta cómo puede hacer algo que quiere hacer pero no domina el procedimiento o desconoce algunos detalles de lo que intenta hacer.

3. LA SINCERIDAD: Es según a real academia de la lengua española, la --"CARACTERÍSTICA QUE NOS PERMITE DECIR LO QUE PENSAMOS SIN OCULTARNOS O CAMBIARLO POR CUALQUIER RAZÓN"--. Cuando decimos las cosas según nuestra manera de verlas, sentirlas o entenderlas cuando a pesar de que las consecuencias de decir algo sean negativas o en nuestro perjuicio o el de alguna otra persona las decimos tal cual son, cuando no ocultamos nada que pudiera dañar la imagen o apariencia de otra persona, cuando conservamos nuestra imagen sin importarnos más que la sana convivencia entre nosotros. Cualidad muy apreciada y que es el fundamento de la amistad sin importar si es con personas del mismo o diferente sexo. Ser sincero es difícil pues requiere primero que tengamos conciencia plena de nuestras características de nuestros atributos y nuestros defectos y sobre todo estar conscientes que donde estamos, es porque así lo hemos querido o conseguido, que el lugar que tenemos lo hemos conseguido a pulso por nosotros mismos, es decir, que no tenemos algo "por favor, dedazo o por arreglos debajo del agua", sino por nuestra capacidad, conocimientos, o antigüedad incluso. Es decir que no le debemos favores a nadie y por lo tanto con nadie tenemos la obligación de quedar bien, a nadie tenemos que adular forzadamente a nadie tenemos que rendir pleitesía, eso nos

dará la confianza necesaria para ser como somos y sobre todo para poder ser sinceros.

4. LA EDUCACIÓN: Es el valor que consiste en ---"DIRIGIRSE CON PROPIEDAD A LAS OTRAS PERSONAS SIN IMPORTAR EL LUGAR O MOMENTO"---, es decir, usar las palabras adecuadas para entablar una comunicación eficaz, es ser cortés en nuestro vocabulario, es ser callado cuando hay que permanecer en silencio, es saber dar nuestra opinión cuando se nos solicite y no como intromisión en cualquier momento, es escuchar las opiniones de la otra persona con atención y respeto, pues no tenemos ninguna razón para juzgar o corregir a las demás personas con quienes convivimos. La educación es un valor fundamental para convivir en nuestra sociedad y base de una sana convivencia social y más si nos referimos a la familia pues es donde con más frecuencia nos debemos comunicar. De esto saldrá mi comentario respecto a uno de los orígenes de la problemática familiar hablando solo de comunicación, es decir, de la manera en que el esposo se dirige a la esposa y viceversa. Hay un dicho popular que dice "calladita te ves más bonita" esto obviamente no es así ni es mi manera de pensar solo que los dichos están hechos de la experiencia popular y en muchos casos son verdades y en este caso creo yo, se refiere a que en la relación de pareja es el hombre quien debe hablar siempre y sucede como vemos que la que habla generalmente es la mujer, es decir, que la mujer le quita o mejor dicho el hombre permite que la mujer le quite ese privilegio y al no hablar el hombre, ella toma su lugar y es ella la que habla, situación del todo errónea pues ella debe primero escuchar y después de esto hablar cuando se requiera siempre en segundo lugar, es decir, que el hombre debe conservar el primer lugar en esto del habla. Para esto debemos saber lo siguiente, la mujer se mueve en espacios vacíos, es decir, que si el hombre no habla, ella lo hará y la mujer no deja pendientes. Así vemos que si el hombre no lleva dinero a casa, ella lo hará, si el hombre no paga algo, ella lo paga y así sucesivamente, de tal manera que si el hombre lo permite, poco a poco la mujer se convierte en la jefa de familia. Ella es la que provee, la que habla, la que dispone, la que paga, pero también la que manda y esto altera toda la estructura familiar pues así los papeles se invierten y la mujer toma el rol del esposo y el hombre tiene que tomar el rol de la mujer cosa que no siempre sucede, pues el hombre no es capaz de llevar a cabo los roles de la mujer, todo esto terminara en que la mujer piensa que el marido ya no le sirve para

nada y opta por la separación, terminando así con la familia, situación que es la que nos preocupa, pues es el origen de toda la problemática que estamos analizando. ¿Y cómo aprende la niña este valor?, lo aprende con el hecho de que mamá siempre le pregunte a su esposo que hará ese día o de manera más adecuada, lo aprende cuando ve que todos los días por la mañana antes de irse a trabajar, el padre le dice a la mamá que es lo que va a hacer o que es lo que ella debe hacer ese día, y la mamá acepta esa sugerencia, lo aprende cuando ve que ante cualquier situación la madre va con el papá y le pregunta que van a hacer o que tiene que hacer ella. Cuando en cualquier conversación familiar es el padre quien toma la palabra y él le da la palabra a mamá o a quien deba tomarla en determinado momento, pero obviamente esto requiere que el padre tenga siempre la solución a lo que se le pregunta y no evada esta responsabilidad que es totalmente suya y de nadie más, para esto el hombre debe saber que a él le toca resolver todo lo que su familia necesite, y que debe tener una respuesta adecuada para cada situación que se le plantee.

5. LA PULCRITUD: Es tan importante en la mujer, que ésta por si sola nos dará una idea clara de los valores que la mujer tiene, pues quiere decir ---"QUE NOS VESTIMOS DE LA MANERA ADECUADA "es decir, sin mostrar lo que no se debe mostrar en la calle obviamente sin exagerar, pues como sabemos el secreto es el equilibrio y como dice el dicho popular "ni tanto que queme al santo ni tanto que no le alumbre" y que todos sin excepción todos los extremos son malos, y esto aplica en general a todo sin excepción, es decir que solo como ejemplo si hablamos de los extremos en nuestra manera de comer, cualquier extremo es malo o perjudicial para nuestra salud, pues si comemos demasiado fácilmente nos haremos obesos y si no comemos seremos anoréxicos y los dos extremos son patológicos, y con ello solo conseguiremos sentirnos mal para muchas de nuestras actividades. Por eso quiero aquí hacer una aclaración que creo es fundamental, de todos estos valores que estoy tocando, el secreto es el "EQUILIBRIO" pues podemos degenerar si no conservamos ese equilibrio en cada uno de éstos y la forma de llevar a cabo cada uno de estos valores siendo todas malas, negativas, destructivas o perjudiciales en su momento. Debemos mantener todos estos valores en sano equilibrio, así tenemos que la mujer y en este caso la mujer joven debe vestir con propiedad y ropa adecuada y de acuerdo a las posibilidades de sus padres, pues lo más común es que la joven quiera presumir usando ropa que no le es posible comprar a sus padres, esto genera una situación bastante

complicada, pues poco a poco esta situación dará como resultado insatisfacción, frustración y desilusión si no se maneja bien y creará a la larga problemas muy graves, de insatisfacción y frustración en la joven, situaciones que en muchos casos hacen que una joven caiga o se ilusione cuando alguien le hace un regalo caro pues siempre soñó con ello y por no manejar adecuadamente la situación de parte de sus padres le quedo ese sentimiento de insatisfacción que tratara de cubrir siempre, y esto tampoco es lo ideal.

¿Cómo aprende la niña este valor? ¿Cómo aprende a ser pulcra?, pues simple y sencillamente viendo cómo se viste su mamá para determinada situación, que ropa compra, donde la compra, en fin como se viste, esto hará que la niña siga ese patrón sin que se le imponga solo por ser igual que mamá, así vemos que una niña pulcra es fiel reflejo de su madre. Además de lo anterior, vestir adecuadamente es hasta cierto punto una protección, pues se ha comprobado que la ropa sensual, sugerente, provocativa o sexi es una de las causas de violación, pues los delincuentes en estos casos argumentan que fueron las mujeres las que con la ropa que usan los provocaron a cometer estos actos. Así que vestir con pulcritud en el caso de las jovencitas no solo es o debe ser por gusto sino ya por una necesidad de seguridad.

6. LA FIDELIDAD. Piedra angular de la relación de pareja, es un término que -- deriva del latín "Fidelitas"-- que--"SIGNIFICA SERVIR A UN DIOS"--. Es la capacidad de no engañar, no traicionar a los demás. "en este caso a la pareja", es el cumplimiento de la palabra dada, fidelidad es una noción que en su nivel más abstracto implica una conexión verdadera con una fuente, su significado original está vinculado a la lealtad y la atención al deber, (de una persona con un señor o su rey) Es un valor tan importante que si llegara a faltar, prácticamente no existe manera de salvar una relación, y si este valor no se encuentra presente de manera preponderante la relación de pareja poco a poco se deteriora hasta el grado de romperse y separar a la pareja.

La fidelidad, nuevamente un valor que la niña aprende en casa desde el momento en que ve las acciones y el comportamiento de su madre y de su padre, en la convivencia familiar y que a lo largo de su vida debe tener presente y poner en práctica. Siempre debe partir del ejemplo de ambos padres, aunque en nuestra sociedad actual y en algunos grupos sociales todavía la fidelidad del hombre es muy cuestionable esto tendría una sola explicación. Vivimos en una sociedad patriarcal, y en muchos casos machista donde al hombre se le dan todos los privilegios y a la mujer se le limitan por eso es que el hombre abusa y se siente con derecho a serle infiel a su esposa sin permitirle a esta serle infiel a él. Precisamente ese es uno de los valores más importantes para mantener la unión de la pareja primero y de la familia después, desgraciadamente ocurre que la mujer prácticamente está obligada a serle fiel a su esposo mientras que este no. Asunto propiciado por nuestra sociedad y las costumbres que tenemos y que son las que aun vivimos, así tenemos que al iniciar una relación con fines matrimoniales debemos buscar de manera sustancial hasta donde nos sea posible que la mujer con quien pensamos casarnos tenga este valor, es decir, sea una mujer fiel y esto solo lo sabremos a medida que la tratemos y poco a poco nos demos cuenta si es una mujer fiel o no. Si al platicar con ella nos enteramos que procede de una familia unida si tiene una madre fiel, si en la relación de pareja de sus padres existe fidelidad, por eso es que el consejo general es que una joven pareja se conozca lo mejor posible antes de entablar una relación más formal, pues solo así sabrán ambos de que familia procede cada uno y esto les dará la confianza en la relación que están iniciando así vemos que la convivencia en pareja esta pues fundada en la fidelidad más de la esposa que del esposo para con su esposa, punto clave de esta relación, pero cuando existe y la mujer es fiel a su pareja, será excepcional que este se separe de ella, aun cuando los problemas existentes en toda relación de este tipo sean muy grandes, la fidelidad es algo que no solo debe existir y nunca menospreciarse o soslayarse, es una virtud, un valor que además ha de hacerse notar de parte de cualquiera de los dos porque si no se hace se olvida y después es como si no existiera, algo que el varón siempre tendrá presente y que tiene un lugar preponderante en su relación de esposos, pues si él sabe que su esposa le es fiel, que él es el único hombre en su vida ese simple hecho hace que se mantenga unido de una manera muy especial a su mujer, desgraciadamente en la situación contraria no ocurre igual y la esposa frecuentemente tiene que soportar la infidelidad de su marido, hecho que en nuestra sociedad no es raro, obviamente la esposa lo hace anteponiendo muchas veces a los hijos y así soporta esta vejación o humillación en muchos casos, situación que no debería existir, pues a la larga genera problemas graves incluso enfermedades, aunque este tema escapa al objetivo de este libro.

Otra de las razones que hace que la mujer tolere la infidelidad del esposo, es que la esposa dependa económicamente de su esposo pues aún es frecuente que la mujer se dedique solo a los quehaceres del hogar, es decir, que ésta no percibe ningún ingreso y esto prácticamente la hace dependiente del varón el cual en esta situación abusa y se aprovecha de esto para serle infiel a su esposa hasta con el consentimiento de la misma en muchos casos, obviamente esta situación en los últimos años ha sufrido cambios que no me atrevo a decir que sean buenos o malos pues depende de muchas situaciones porque si la mujer ahora es independiente económicamente esto hace que ya no soporte la infidelidad de su esposo como ocurría en años anteriores pero no por esto la relación de pareja mejora, sino que ahora esta es la razón de que los divorcios sean cada vez más frecuentes, pues al no depender la mujer del ingreso de su esposo no tiene la necesidad de seguir unida o atada a él ni aun por los hijos y esta es la causa de que cada vez sea más frecuente ver a madres solteras que sacan adelante a sus hijos, cosa que no ocurre en el caso contrario es decir cuando es el varón el que se queda con los hijos después de un separación.

Esta independencia económica de la mujer desencadena una serie de situaciones que antes no ocurrían como son un sentimiento de inferioridad por parte del varón en algunos casos pues resulta que en algunas familias la esposa tiene un ingreso económico mayor al del esposo y esto que a simple vista sería una situación favorable y de mejora para la familia hace que ocurra lo contrario, pues como ancestralmente se supone que es el varón el qué lleva el sustento al hogar, es él, el que provee a la familia, al ocurrir ahora que sea la esposa quien lo haga, hace que los roles de la pareja se alteren y en algunos casos cambien completamente, cosa que no es aceptada por el hombre y que termina con la separación cuando debería ser lo contrario. Ahora bien, si el ingreso depende de un negocio, por ejemplo, entonces debe ser el hombre el responsable del negocio pues de otra manera sucede lo mismo que cuando la esposa gana más que él y en nuestros días vemos que las oportunidades de trabajo para la mujer cada vez son más grandes y hay grupos de actividad laboral en donde incluso se prefieren a las mujeres y con salarios muy buenos.

Solo por citar uno de ellos, las ventas directas ya que la mujer posee para esta actividad cualidades que los hombres no, como son la persuasión, la atención, la amabilidad y la insistencia, atributos propios de la mujer y que bien encausados la hacen un excelente elemento para los negocios de ventas directas y que por eso ahora son más solicitadas por las grandes empresas para formar su fuerza de trabajo en ventas. Estos son algunos de los dones que tienen las mujeres y que apenas empiezan a explotar. Aunque por el otro lado ahora esta manera de trabajar de las mujeres las expone a ser aduladas, y hasta ser acosadas en sus trabajos pues tienen que convivir con personal masculino y si la mujer no tiene este valor del que hablamos (fidelidad) fácilmente caerá en situaciones que terminan por romper su matrimonio situación cada día más frecuente.

Si a esto agregamos que su esposo no aprecia ese valor y no hace nada por conservar a su esposa cada día, fácilmente esta terminara por serle infiel. En mi concepto la infidelidad de la mujer está dada o esta propiciada por su esposo y lo mismo ocurre del lado contrario, es decir, que de la infidelidad del esposo la responsable es la mujer y este tema lo abordare más tarde precisamente cuando hablemos de cómo resolver esta problemática.

7. LA DECENCIA, este valor tan apreciado por el varón en la época actual, se está haciendo cada vez más raro pues la moda o las modas cambian con una rapidez sorprendente y por eso vemos cada modelito o cada estilo que la verdad no considero sea lo adecuado en muchos casos pues si ponemos un poquito de atención en lo que ocurre en la moda vemos que ésta está dictada por la sociedad de países que no son iguales al nuestro y en muchos casos no por ser economías mejores tienen los valores que nosotros aun conservamos y por esa razón sus tendencias en cuanto a la moda son también diferentes a las nuestras pero dado que cada vez es más común estar conectados a internet o de alguna manera nos enteramos de estas a través de los diversos medios de comunicación existen y así nos enteramos de lo que en otros países del mundo se usa u ocurre en nuestros días gracias a la televisión antes y ahora al internet, estamos enterados de lo último que aparece como tendencia o moda en países de vanguardia en este rubro como Francia, Italia, los Estados Unidos o Canadá en fin que esa información nos hace suponer que es así como debemos vestir pues son países económicamente poderosos y por esta razón pensamos que así debe ser en todos lados y desafortunadamente el grupo más vulnerable a estas tendencias de la moda será el de nuestros jóvenes, entonces vemos que los jóvenes mexicanos Intentan por todos los medios copiar estos estilos que al no ser propios los hace parecer ridículos pues muchos de estos estilos son

sujetos de crítica o de burla en muchos casos pero lo más importante es que el joven en su afán de parecerse a otras personas, en cuanto a su manera de vestir o de estar a la moda sacrifican la economía familiar sin tener una razón válida pues solo se trata de imitar una sociedad que no es la nuestra y que por lo tanto no tiene porqué ser la que nos imponga o nos diga cómo deben vestir nuestros jóvenes, y volvemos al punto de partida de todo lo que hasta este momento hemos tratado, que es la falta de educación familiar, la ausencia de los padres la falta de un buen ejemplo en casa, el creer que el papel del padre es solo darle al hijo dinero suficiente para que haga lo que él decida pues al no tener la vigilancia de sus padres fácilmente cae en esos excesos que tan frecuentes son y se viste como ve que se viste un artista famoso o los jóvenes de otros países o sus amigos pues lo común es que sus compañeros tengan la misma situación o peor aún, vicios y hábitos extraños que van de la mano.

Ahora bien, como aprende la niña a ser decente? pues viendo como viste papa o mama para cada ocasión. Comentando con ella que piensa en relación a la moda que ve en televisión, cuál es su opinión respecto a la manera de vestir de determinado artista o sociedad y de su opinión obtener un comentario y a partir de este darle un consejo respecto de la manera adecuada de vestir en determinadas ocasiones y para determinado lugar, el vestido es una prenda indispensable en nuestro diario vivir pero debe ser adecuado en cuanto respecta a lo que debe cubrir y lo que permite ver, por eso es que la madre le dice a la niña porqué viste de una manera o de otra en cuanto a la manera de vestirse ella además de cómo le gustaría que su hija se vistiera.

Esto de la moda si bien en el varón es de llamar la atención por lo extravagante en la mujer tiende más a ser provocativa pues cada vez deja menos espacio a la imaginación de quien la observa, las prendas son cada vez más pequeñas o transparentes y eso despierta el deseo, la libido o lujuria en el último de los casos y por eso vemos que como ya anote antes, los delincuentes acusados de violación en su declaración argumentan que son las mujeres quienes los provocan con esos vestidos tan escotados, esas faldas o vestidos tan cortos, esa ropa íntima tan pequeña, en fin, que a esa situación le achacan el que actúen de esa manera obviamente degenerando en hechos del todo reprobables pero que merecen toda la atención de quien cree usted, exactamente de nosotros como padres que tenemos hijas adolescentes o jóvenes que queramos o no están expuestas a diario a situaciones de riesgo cuando andan por la calle y más ahora con la inseguridad reinante en muchos lugares del mundo creo urgente adoptar medidas en nuestra familia tendientes obviamente a disminuir si no es posible evitar o eliminar este problema y eso solo lo conseguiremos si le enseñamos a nuestras hijas, como debe vestir una joven o una adolescente, sabiendo que están en una etapa muy especial de su vida ya que los hábitos que adquiera a esta edad le marcaran prácticamente por el resto de su vida pues estos valores nunca se pierden, así una joven educada de esta manera siempre será una mujer decente y eso mismo le enseñara a través del ejemplo a sus hijas cuando a ella le toque el papel de madre todo esto además hará que la pareja se mantenga y se cimente sobre estos valores tan importantes para nuestra sociedad pues no porque sean cada día más raros, dejan de existir solo es que comúnmente no se ven pero cuando están presentes se notan y realmente son apreciados obviamente también por personas con una formación adecuada en valores que es de lo que estamos precisamente ocupándonos.

8. LA AMABILIDAD. Otro valor necesario en la mujer para iniciar y sobre todo mantener su relación de pareja la amabilidad. La cual según la real academia de la lengua española se define como --- "CALIDAD DE AMABLE, SE REFIERE A AQUEL O AQUELLO QUE ES AFABLE, AFECTUOSO O DIGNO DE SER AMADO"--. También como "--COMPLACENCIA, AGRADO Y DELICADEZA EN EL TRATO CON LOS DEMÁS"--. Valor tan poco valorado pero que es la base de un trato adecuado con el mundo que nos rodea, ser amable es fundamental en las relaciones sociales de cualquier tipo y desde este punto de vista es fácil imaginar la importancia de este valor en la relación de pareja donde ambos deben ser amables pero refiriéndome específicamente a la relación de pareja, el hombre es más dado a no ser tan amable como debiera. Eso no solo afecta su relación laboral sino y fundamentalmente su relación de pareja, así vemos que la queja común o una de las más comunes entre las esposas es que su pareja ha dejado de ser amable, que extraña esa amabilidad que mostraba cuando iniciaron su relación de noviazgo cuando ese hombre era todo amabilidad, todo detalle en fin cuando la tomaba de la mano donde y con quien estuviera cuando le cedía el paso siempre, cuando le abría la puerta de auto antes que nada, cuando la subía el vehículo y esperaba a que estuviera sentada para cerrar la puerta, cuando le llamaba a cada rato para decirle donde estaba, que hacía, a qué hora pasaba por ella, cuando le ofrecía de todo, desde un

café hasta llevarla de paseo casi cada semana cuando no quería despegarse ni un solo momento de su presencia y la colmaba de atenciones hasta el punto de parecer empalagoso o exagerado y del lado femenino esa atención de dirigirse a él con un cariño inigualable, de acariciarlo a cada momento, de ofrecerle algo de tomar o beber en cada ocasión, el saber dirigirse a la familia de su pareja con delicadeza, con gestos amables siempre, sin enojos sin malas caras, cuando se encuentre en presencia de cualquier otra persona siempre tratarlo de manera amable gentil, con un trato que cualquiera envidiaría, el solo hecho de dirigirse a él con palabras cariñosas sin una sola grosería o mala palabra, la amabilidad en el trato si bien es importante en el varón, es todavía más importante y notoria en la mujer, este trato no debe perderse a lo largo del tiempo, desgraciadamente a medida que la rutina aparece en la relación de pareja se van perdiendo esos detalles que la vida diaria tiene y que hace que se pierda esa amabilidad con el consiguiente deterioro de la relación de pareja.

La niña aprende a ser amable, viendo el trato que en casa tiene el padre hacia la madre y de ella hacia él. Pues si ambos son amables, la convivencia familiar es adecuada, estable, armónica y edificante.

Este valor así entendido hace de la convivencia diaria una delicia pues imagine usted una conversación donde solo existen buenas palabras, donde cada uno se expresa de manera adecuada sin groserías, sin levantar la voz, permitiendo que cada uno hable donde lo más importante es escuchar antes que hablar, que la niña vea siempre que su padre se desvive en atenciones para con su esposa y esta para con él. Que a cada momento uno está al pendiente del otro y que ambos encuentran en su relación de pareja su realización propia al preocuparse de la realización del otro. Una niña educada así se dará inmediatamente cuenta cuando conozca algún chico si este es amable o no, si es un caballero o un pelafustán y notara inmediatamente la diferencia de trato entre lo que ocurre en su familia y lo que ocurrirá de continuar esta relación en la familia que espera formar, la amabilidad debe estar presente siempre en la mujer pues imagine usted que su pareja no sea amable en ese caso sería lo opuesto y en términos claros sería, ruda, grosera, desagradable y antipática, aracterísticas que dudo sean las que usted busca en una mujer y más en la mujer con quien espera compartir el resto de su vida,

9. LA SENCILLEZ, este valor definido por la real academia de la lengua española como. "--AUSENCIA DE ADORNOS Y COMPOSTURAS, MUJER QUE NO ES ALTANERA NI MODESTA Y TIENE BUEN TRATO CON TODOS POR IGUAL--" (SINÓNIMOS DE SENCILLEZ: FACILIDAD, SIMPLICIDAD. FRANQUEZA, SINCERIDAD, INOCENCIA, INGENUIDAD, CAMPECHANÍA, HUMILDAD Y AFABILIDAD), tal vez no tenga una importancia tan grande como los anteriores pero creo necesario que si bien el hombre debe ser sencillo, la mujer más pues la soberbia si es mal vista en el varón tiene un efecto mucho peor en la mujer, obviamente la sencillez sin llegar a la sumisión debe estar presente en la relación de pareja.

Para esto se requiere que no exista soberbia de parte de ninguno pero si es la mujer la soberbia generalmente los conflictos son frecuentes cada vez o más grandes.

La sencillez de la esposa es un valor apreciado más que nadie por el varón quien ve crecer su imagen a través de la sencillez de la esposa lo cual le permite desarrollar al máximo todo su potencial y esto poco a poco le dará una imagen diferente frente a ella, sus hijos y la sociedad, que como ya vimos la sociedad en que vivimos es una sociedad patriarcal y queramos o no el lugar del esposo es un tanto más elevado que el de la esposa situación que ha generado un sin fin de inconformidades de parte de las mujeres pero sin una respuesta adecuada pues de cualquier forma es necesario que alguien sea el que mande permitiéndole al hombre cierta libertad en cuanto a este valor, sin que esto quiera decir que así deba ser o que esto le permita o le dé derecho al hombre de abusar de ello pues como ya vimos todos los extremos son malos así sea en un valor como este, pues si nos vamos a los extremos por un lado estaría la soberbia y por el otro la sumisión. Siendo tan malo ser soberbio como ser sumiso porque en el caso de ser soberbio el hombre siempre se tratara de imponer, mandar, ordenar y nunca pedir por favor cualquier cosa, dando al traste con la relación de pareja, y posteriormente la familia, por el otro lado estaría a sumisión la cual tampoco es adecuada pues no se trata de que la esposa soporte absolutamente todo sin decir nada o el esposo en el caso contrario situación aún peor.

Una vez entendido el valor llamado sencillez veamos como una niña aprenderá este valor. Lo aprenderá cuando ve que su madre se viste de manera informal para hacer sus actividades cotidianas y elegante o muy elegante para una reunión de familia o con los amigos de su esposo o de ella, cuando ve que las joyas que su madre porta son de un tamaño adecuado sin exageraciones y en cantidad adecuada también, es decir, que no porta tres cadenas, 10 anillos (uno o dos en cada dedo de las manos) y otros tantos en los dedos de los pies, cuando ve que usa un perfume discreto y usa solo una pequeña cantidad y no se vacía el frasco completo para ir al mercado y en el trato diario con su pareja o familia, se muestra cortes, educada, es decir que espera a que el padre hable sin interrumpirlo, cuando de primera instancia acepta los argumentos o comentarios de su esposo y posteriormente ella toma la palabra en caso de tener que aclarar algo o informar cosas que su esposo desconoce y se los hará saber de manera educada, sin gritos y mucho menos insultos. Aceptando las cosas como son con humildad de corazón.

10. Y qué decir de LA SOLIDARIDAD, y aunque para esto no es necesario estar casado por la iglesia y escuchar esa frase tan famosa, "EN LO PROSPERO COMO EN LO ADVERSO, EN LA SALUD COMO EN LA ENFERMEDAD" no se requiere de esto para que el valor llamado solidaridad deba estar presente siempre en la relación de pareja, este valor definido como "EL ACOMPAÑAMIENTO DE UNA PERSONA EN CUALQUIER SITUACIÓN DE LA VIDA" es importantísimo en la pareja pues recordemos que esta relación es de dos, y que siempre deberán estar unidos en todo incluso desde antes de establecer una relación formal o casarse así es como desde su noviazgo las decisiones deberán tomarse entre los dos y de la misma manera los problemas deberán enfrentarse juntos y no uno u otro y más en nuestros días en que la situación económica en general se ha deteriorado y el ingreso familiar ya no es suficiente cuando uno solo de los miembros de la pareja trabaja haciéndose cada vez más necesario y frecuente que ambos aporten dinero a la familia y cuando por esta razón la esposa trabaja y aporta dinero al gasto familiar, a eso se llama solidaridad aunque no deba ser a la fuerza que la esposa tenga un trabajo igual al del varón sino que desde su casa simplemente con el ahorro del gasto familiar puede ser solidaria en el ingreso familiar o con un trabajo de medio tiempo que le permita no descuidar a los hijos pues si recordamos su rol no es el de proveedora solo de colaboradora y hablando de dinero este es el verdadero rol de la mujer pues como sabemos el gasto más grande de una familia es la alimentación diaria, gasto que si la esposa cocina todos los días será

mínimo si lo comparamos con lo que se gastaría en esto si tuviéramos que comer diario fuera de casa o comprando comida en la calle todos los días, así que cuando la esposa cocina rendirá mucho más el dinero que aporte el esposo, si a esto agregamos que ella lava y plancha la ropa que de otra manera iría a parar a la tintorería el ahorro es mucho mayor, eso es precisamente ser colaboradora, pues usted sabe que el lavado y planchado de una sola prenda en la tintorería es muy elevado así que imagine solamente cuánto dinero costaría el lavado de la ropa de una familia de cuatro o cinco integrantes, eso generalmente no lo vemos y por lo tanto menos lo apreciamos y reconocemos siendo esto una de las razones principales y más frecuentes de la problemática familiar actual, así por ejemplo puedo enumerar muchas más de las acciones que la esposa lleva a cabo y que no apreciamos muchas veces porque no ponemos atención en todo lo que hace en el día en nuestro hogar pero que realmente son una colaboración importantísima, que indirectamente aporta dinero al presupuesto de la familia.

La solidaridad es estar en las buenas y en las malas, pues cuando todo es bonanza, y abundancia es fácil la vida podríamos decir pues no existen carencias, todo se compra se hace o se disfruta, el problema aparece cuando la situación cambia y las cosas ya no son color de rosa es decir, no son las ideales y las carencias aparecen por ejemplo de dinero, situaciones como esta, hacen que la familia tenga que privarse de muchos satisfactores, a veces hasta de cosas indispensables, en esos casos es cuando la esposa demuestra su solidaridad al compartir con su esposo las preocupaciones de este para proveer lo necesario al hogar, es en estos casos cuando una esposa solidaria sin que el esposo se lo pida siquiera busca la manera de contribuir al gasto familiar ya sea vendiendo algo, ayudando a alguien o en cualquier empleo ella hará todo lo que este a su alcance para contribuir al gasto familiar. De esta manera sabremos que esa mujer es solidaria, que tiene este valor y eso es actualmente en muchos casos necesario pues la ecomía del país así lo exige. Tener una esposa solidaria es una bendición pues no es fácil soportar las carencias a veces demasiado duras que muchas familias padecen, y sin embargo vemos familias aún más unidas en situaciones como ésta, momentos en que esos famosos valores de que hablamos salen a relucir y mantienen el vínculo familiar a pesar de las adversidades.

Por eso y muchas cosas más es que insisto en los valores que la mujer con quien decidimos casarnos debe tener pues de lo contrario en una situación como esta lo que ocurriría y de hecho ocurre en muchos casos es que la esposa abandona a la familia pues no soporta las carencias a que se ve obligada y vuelve al hogar paterno o busca por otro lado alguien que le de todo sin sacrificio de parte suya.

Este valor lo aprende la niña en el seno materno simplemente viendo que mama cocina, que va al mercado y busca siempre el mejor precio sin deterioro de la calidad de lo que compra pues su familia merece lo mejor, cuando la niña ve que su madre busca siempre que el dinero que su padre le da rinda lo más posible, que con poco dinero satisface las necesidades alimenticias de todos, que en cada situación respecto del dinero ella comenta con su esposo la manera en que puede ahorrar dinero y comparte la preocupación del padre cuando el ingreso es limitado, en fin cuando la niña ve que la madre comparte con su esposo la necesidad económica de la familia sin que esto implique forzosamente que ella tenga que trabajar igual que el proveedor que deberá ser siempre el esposo.

Cuando en casos de enfermedad por ejemplo de uno de los padres el otro hace las funciones del enfermo con agrado, con gusto pues todo será por la familia, cuando ve que si mama está ocupada en algo su padre hace los quehaceres de la casa y viceversa cuando es el esposo el enfermo su mama es quien hace lo que su padre haría de manera que la dinámica familiar se mantenga lo mejor posible y la familia salga delante de cualquier situación de este tipo. Cuando ve que a ninguno de sus padres se les carga la mano por así decirlo sino que ambos comparten la responsabilidad de la familia completa.

11. LA DIGNIDAD. Otro valor fundamental que debe estar presente en la mujer con quien vamos a iniciar una relación de pareja, se define como ---"LA VALORIZACIÓN DE UNO MISMO COMO PERSONA"---. Debemos estar consciente de cuál es nuestro valor como persona en este caso como mujer en la familia de la cual procedemos, en la sociedad a la cual pertenecemos, en la que nos desarrollamos como personas, valor que hace que la mujer no se deje maltratar en ninguna de sus formas, es decir que el maltrato hacia ella no lo permitirá, ya se trate de maltrato físico, emocional o psicológico, así no soportara las vejaciones tan comunes en nuestros días, pues no es difícil darnos cuenta de esto ya que hoy en día la noticia más frecuente es el maltrato familiar, la violencia que muchas familias y en este caso muchas mujeres viven, hace que la sociedad

recurra a establecer un sin fin de leyes, códigos y normas, etc. Tendientes a minimizar o a erradicar esa violencia por la que tiene que crear instituciones a las que se les encarga la función de vigilar que en el núcleo de la familia no se presente este flagelo de la sociedad que menoscaba esa célula fundamental de la sociedad como es la familia, y vemos que la difusión a estos programas es tanta que a veces parece exagerada pero que al fin de cuentas no resuelven el problema pues volvemos a lo mismo. Solo la educación en valores desde la niñez lo resolverá, pues podrán existir todas las leyes, códigos y normas tendientes a proteger a la mujer y no darán resultado si ella misma no tiene las bases para decidir en qué momento oponerse a determinada acción dentro de su familia o ella también la genere pues no es raro que la violencia ahora sea causada por la esposa, ya sea contra los hijos o incluso contra su pareja, así tenemos que es la educación de los padres ese famoso ejemplo que deben dar los padres a la niña el que hará por si solo que esa niña se transforme en una mujer educada en valores y para la cual la dignidad este presente siempre por sí sola, primero y en caso de ser así lo más seguro es que desde un principio no entable una relación de pareja, en la cual existe o prevea violencia y así buscara una mejor pareja para relacionarse con ella o en el otro caso una vez establecida la relación nunca permitirá que se le maltrate y con esto protegerá de lo mismo a sus hijos, este problema es demasiado serio pues es la causa de problemas cada vez más graves llegado en no pocos casos al suicidio, al asesinato, entre conyugues o lo más común la creación de jóvenes con una formación o mejor dicho una deformación en valores que hace esa cadena cada vez más grande afectando a una cantidad cada vez mayor de parejas disfuncionales y con ello de familias disfuncionales.

La mujer digna sabrá que como mujer debe ser tratada con respeto y consideración por parte de su pareja desde el momento en que inicia una relación más formal. Pero depende de ella conseguir o ganarse ese respeto pues este no se da por si solo, no basta decir que es digna para que sea respetada, tratada de una forma adecuada, se requiere que esa dignidad se manifieste y se note para que por sí sola haga que su pareja la respete como debe ser, como toda una mujer, y eso señores depende del ejemplo recibido en casa, pues si su madre no es una mujer digna y la niña ve que soporta el maltrato del padre es eso lo que aprenderá sin que se lo enseñe nadie. Esa será su idea de pareja y para ella será normal que su pareja la maltrate como a su madre su padre y obviamente ningún programa de protección o contra la violencia funcionara siendo más común en nuestros días esta situación, a la cual habrá que ponerle remedio pero eso solo será posible educando bien a nuestras niñas desde casa, y para esto señores lo primero es que la pareja alcance un equilibrio tal que le permita ahora si educar en valores a sus hijos, esto no es descabellado pues si ponemos un poco de atención veremos que la mayoría de los adultos de nuestros días tenemos o fuimos educados en valores, pero la sociedad actual nos los ha estado quitando o haciendo que los olvidemos y por lo tanto creamos que no existen, cosa totalmente errónea y ese es precisamente el objetivo principal de este libro, mejorar hasta donde sea posible la relación de pareja y de ahí, educar a los hijos de cada una de esas parejas pues solo así cada vez será mayor la cantidad de mejores hombres y mejores mujeres y por consiguiente mejores novios primero, mejores parejas después y por ultimo mejores padres que darán mejores hijos y con eso una mejor sociedad.

Si bien esto parece difícil, tal vez lo sea pero no imposible, pues si vamos a los sentimientos más profundos de los padres vemos que su ideal es precisamente este y la razón de que no lo lleven a cabo es solo que no saben cómo hacerlo y eso es lo que yo les propongo, una manera de llevarlo a cabo.

12. LA HONRADEZ, valor definido como la-- "CARACTERÍSTICA DE UNA PERSONA DE RESPETARSE A SÍ MISMA"--Y aplicándolo a la mujer podemos resumirlo en el que la mujer sea recatada, modesta, sencilla y humilde en su persona, en su vestido y en sus hábitos. Este valor es fundamental e imprescindible en la mujer que inicia o quiere iniciar una relación de pareja. La mujer honrada brilla por sí sola, porque en nuestros días es una especie en extinción pero por lo mismo que estamos tratando, porque la sociedad nos ha hecho minimizar estos valores tan nuestros y nos impone modas y costumbres que no van con nuestra cultura ancestral y no quiero decir que nunca cambiemos, lo que digo es que la sociedad mexicana al querer "IMITAR A LA SOCIEDAD NORTEAMERICANA O EUROPEA" lo que no ha entendido es que este anhelo de ser como ellos "ES COMO PASAR DE LA BARBARIE A LA DECADENCIA SIN TOCAR LA CIVILIZACIÓN", pues basta ver qué sociedad existe en estos países para comprobar que se encuentran en la decadencia social y eso es lo que lleva a la destrucción de los países en su momento más avanzados, como la historia nos lo muestra a través del tiempo. Así vemos lo que ha ocurrido en países como los Egipcios,

después los Griegos, luego los Romanos, más a tarde los Españoles en seguida los Ingleses, ahora los Norteamericanos y yo creo depués los Chinos. En todos estos casos vemos que una vez que llegan a tener tanto poder o a ser dueños del mundo en su momento, la sociedad degenera y prácticamente se autodestruye como está sucediendo en estos países, en los que vemos como algo natural el "matrimonio entre homosexuales" tanto que ahora sucede que estas personas exigen respeto y un sin fin de derechos que ni las personas normales tienen o exigen, llegando al hecho de querer considerarse una familia, por lo que ahora pretenden se les autorice adoptar niños como una pareja heterosexual normal, con el consiguiente deterioro creo yo de la formación o mejor dicho deformación de estos niños. Niños que no sé qué pensaran que son, pues al tener dos madres o dos padres sinceramente no sé qué pasara con ellos. En un futuro yo creo que llegaran ellos si las cosas siguen así a querer tener un "varón" como padre y un animal "hembra" como madre la verdad no sé qué sucederá. Eso si ya depende de la imaginación de cada quien y ese es un terreno enorme de posibilidades. Eso es acabar con la célula de la sociedad desaparecer a la familia y con ella por supuesto a la sociedad y yo sé que no es lo que queremos y menos nosotros como latinos donde aún conservamos algunos de esos valores que mencionamos, donde nuestra sociedad adulta y me refiero a personas de 40 años en adelante tenemos aún esos valores bien fundamentados siendo el problema nuestros adolescentes, que son los que tienen una edad de entre 10 y 19 años quienes están al día según ellos por el internet y otros medios los que nos quieren cambiar la jugada pero porque nosotros tenemos tantos problemas propios de nuestra situación que estamos siendo permisivos en esto tanto, que se aprovechan de esta situación y pretenden cambiarnos invirtiendo los roles de la familia. Así que lo que debemos hacer como una de mis sugerencias es solo volver a respetar esos roles de la familia que al principio de este libro anote y tal vez lo primero que dirán será y cómo si nuestra estabilidad emocional está deteriorada a pues a eso me referiré más adelante. Pero antes veamos un problema más que enfrentan nuestros hijos. Me refiero a

LA SEXUALIDAD EN LOS JÓVENES

LA SEXUALIDAD EN LOS JÓVENES, así veremos con preocupación que la actividad sexual entre los adolescentes actualmente inicia a muy temprana edad. Por eso cada vez es más frecuente ver niñas de secundaria embarazadas y en algunos medios incluso niñas en etapa de educación primaria, situación preocupante pues un evento de esa naturaleza afecta sobremanera el futuro no solo de la niña, sino también de su pareja (que generalmente es un compañerito de grupo) además de ambas familias pues es una verdadera carga para todos un nuevo ser y no se diga el futuro de esta criatura pues la verdad es incierto pero en la mayoría de los casos nada halagüeño, y esa situación también se debe a la falta de una familia estable, ya que en las escuelas todo lo que han hecho es impartir una educación sexual sin vigilancia lo que solo genera libertinaje sexual pues ahora el niño o joven cree que ya sabe todo lo que debe saber para iniciar su vida sexual y sin la vigilancia de la adultos en especial de sus padres lo que ocasiona, es precisamente esto, que estamos tratando, embarazos no deseados ni siquiera planificados o esperados, pues la verdad es que un niño o joven a esa edad es un perfecto ignorante y más en temas tan delicados como este, a este respecto debo agregar que por lo que he visto en la escuelas primarias y secundarias actualmente en un medio privado que es el que conozco realmente que se supone debe ser mejor que el medio público la educación sexual que se imparte no es la adecuada, pues solo se dedican a ver el aspecto físico, anatómico y funcional del aparato reproductor de ambos sexos y en ningún momento tocan la parte emocional, sentimental y mucho menos los valores que deben acompañar esta actividad tan importante y primordial del ser humano, pues por lo que he visto estos temas son impartidos por los propios maestros de grupo que nada saben a este respecto y porque se supone que un profesional como son los sexólogos que son los profesionales a quienes les solicitan impartir estos temas, en nada toman en cuenta los valores morales y solo se refieren a la actividad sexual en busca de placer, situación que verdaderamente afecta mucho la sexualidad infantil, pues al niño solo le despiertan ese deseo tan poderoso como es el deseo sexual, está demostrado que el deseo sexual una vez despertado, es el estímulo más poderoso que hay para despertar la creatividad y un sin fin de cosas que encausadas adecuadamente harían de un niño o joven, un verdadero estudiante o porque no un genio pues se trata solo de despertar esas capacidades que todos tenemos y que no afloran precisamente por falta de un estímulo poderoso pero ese sería motivo de otro escrito y no de este en el cual solo continuare refiriéndome a la problemática del sexo en la edad escolar, así tenemos que una vez que el niño o joven ha despertado el deseo sexual no le importara donde cuando y con quien pues las oportunidades sobran y más que los padres de ambos generalmente no están al tanto ni de la hora en que sus hijos regresan a casa de la escuela, por lo tanto el niño y la niña tienen todo el tiempo disponible para iniciar su actividad sexual, que generalmente va a terminar con un embarazo o con el contagio de enfermedades de transmisión sexual pues en la mayoría de los casos los jóvenes solo piensan o les llega a preocupar el que su pareja se embarace y se olvidan de la existencia de otros problemas aún peores que un embarazo no deseado y me refiero exactamente a las enfermedades de transmisión sexual pues según las estadísticas del 2010, es cuatro veces más probable adquirir una enfermedad de transmisión sexual que un embarazo cuando se tienen relaciones sexuales sin protección, el problema se incremente si tomamos en cuenta que la mayoría de las enfermedades de transmisión sexual son asintomáticas en ambos sexos la gran mayoría de ellas. Lo que solo agrava el problema pues la frecuencia de estos padecimientos cada día es mayor por esta razón pues el no saber que se padece alguna de estas enfermedades hace que las relaciones sexuales sin protección sea un medio de propagación por demás efectivo y desgraciadamente de estas enfermedades ni siquiera le han hablado en la escuela o las han minimizado incluso en el peor de los casos, pues ahora el niño se sentirá más confiado y menos cuidado o precaución tendrá, problema grave pues trátese de una o de otra el futuro es malo y la solución a este problema nuevamente es muy, muy difícil pues revertir un embarazo por ejemplo, no es posible o no es la solución y así vemos que nuestras autoridades se pasan sesiones enteras trabajando arduamente a ver si consiguen legalizar el aborto en busca de un remedio que en este caso es peor que la enfermedad pues lo único que sucederá es que ahora con más libertad y confianza la actividad sexual en el niño tendrá menos freno y más embarazos no deseados producirá, pues nuevamente refiriéndome a las estadísticas más recientes. Se sabe que de los embarazos no deseados. El 50% nacen, el 18% terminan en abortos provocados generalmente de manera clandestina y el resto son abortados espontáneamente pues el cuerpo de una niña, realmente no está preparado para soportar el esfuerzo que representa para él un embarazo así que de manera natural podríamos decir, el cuerpo de la niña expulsa el producto sin que por esto los problemas se minimicen sino por el contrario, al ser espontaneo, el cuidado que se tiene en estos casos es nulo o mínimo y esto puede traer complicaciones por demás serias llegando incluso a la muerte de la niña. En vista de lo anterior yo creo que la solución no es esa sino nuevamente recuperar la estabilidad familiar, para esto debemos saber que como vimos al principio en la pareja tanto el esposo como la esposa tienen que cumplir con los roles que a cada uno le corresponden y que se olvidan, se pasan por alto o más frecuentemente no se conocen, menos si se trata de matrimonios jóvenes con una formación por demás deficiente en estos aspectos, por eso me referiré a esa solución que yo creo es mucho más efectiva y posible que cualquiera otra que se halla dado a esta problemática, que ya se les ha salido de las manos, y que es personal pues partiré del hecho de que nos casamos por decisión propia no porque la autoridad nos lo mande, así que a nosotros como padres y solo a nosotros nos toca solucionarlo desgraciadamente al no saber o tener una familia disfuncional, el mundo se nos viene encima y no sabemos que hacer por eso me ocupare ahora de ello, tal vez mis conceptos sean muy drásticos en algún aspecto pero solo los anotare como creo pueden ser solucionadas las cosas o mejor dicho como las he llevado a cabo con mi familia. Que han dado como resultado hijos profesionistas maduros, en busca de un trabajo estable que les permita o les facilite un futuro promisorio, sin la urgencia por casarse y mucho menos tener hijos solo porque ya son adultos y que si bien no somos una familia modelo en nuestra días sí una rareza, pues lo más frecuente es que los hijos adolescentes o jóvenes ya ni siquiera acompañen a sus padres a reuniones, fiestas o simplemente de compras, pues se sientes incomodos en su presencia, limitados o controlados y prefieran la compañía de jóvenes igual que ellos con los mismos o más problemas que ellos cosa solo hará que la problemática del adolescente se agrave o se extienda pues sería como un contagio de problemas entre jóvenes.

LA VIOLENCIA INTRAFAMILIAR

LA VIOLENCIA INTRAFAMILIAR sería un problema más a analizar en cuanto a la problemática familiar. Pues resulta que cuando la dinámica familiar se pierde el hombre quiere arreglarlo todo a golpes porque él es el más fuerte, el que debe mandar, situación equivocada desde este punto de vista pues lo que genera es violencia contra su pareja y sus hijos, desgraciadamente esta situación al paso del tiempo dará como resultado hijos igualmente violentos, que fácilmente incurrirán en situaciones delictivas que nunca tendrán un buen fin pues se sabe que la falta de la figura paterna en la educación de los hijos se relaciona con un incremento de hasta 20 veces mayor probabilidad de que el hijo termine en prisión por actos de este tipo. De ahí la importancia de la presencia del padre en la educación de los hijos.

Peo lo que frecuentemente pasa es que el padre de familia vive de una manera poco satisfactoria y cada día siente que la mala suerte lo persigue ya que cuando en el transcurso del día todo nos sale mal, todo es negro, negativo, el trabajo es un desastre, nos peleamos con nuestra pareja y con los compañeros del trabajo, cuando nos deja el camión o se nos descompone el coche al momento de arrancarlo, cuando decimos "ya solo falta que nos orine un perro", la expresión común que viene a nuestra mente es esa famosa de. "ES QUE ME LEVANTÉ CON PIE IZQUIERDO," y por el contrario cuando todo nos sale bien cuando todo es positivo, nuestro trabajo rinde, estamos felices con nuestra pareja, nos despide con besos y no quiere que nos vayamos al trabajo, cuando en el trabajo nos saludan todos con agrado, tenemos un día feliz, exitoso la vida nos sonríe y todo es color de rosa. Decimos "ES QUE HOY ME LEVANTE CON EL PIE DERECHO" y entonces, si nos ponemos a pensar. Si de esto depende nuestro día es decir de con que pie nos levantamos, sería bueno saber qué hacer para levantarnos siempre con el pie derecho no le parece? Pero ocurre que no siempre es así y de repente se mete ese pie izquierdo que nos da los efectos negativos que anotamos de tal manera que lo que debemos saber y tener presente siempre es que:

La gente no se levanta con el pie izquierdo o derecho, se levanta con el pie con el que se acostó, para esto debemos tener presente que la manera más agradable de dormir es decir, de acostarnos con el pie derecho, es después de tener relaciones sexuales así que esta debería ser nuestra manera de conciliar el sueño todos los días para que así despertemos siempre de buen humor, descansados y sobre todo felices de iniciar un nuevo día el cual por este hecho veremos de mejor color y nuestro trabajo será una actividad placentera que solo nos dará los medios para seguir disfrutando de todo lo que el mundo tiene para nosotros. Así que si esto se vuelve nuestra manera de dormir, todo mejorara y cada día será mejor que el anterior.

Recuerde que la vida sexual de una pareja es el mejor termómetro del estado de unión de la misma, de tal manera que si la vida amorosa de una pareja puede describírsela como saludable y buena, los mismos atributos se aplican fuera del lecho matrimonial, esto es una condición sine qua non.

LA VIDA SEXUAL DE LA PAREJA

LA VIDA SEXUAL DE LA PAREJA debe ser lo más normal posible, eso quiere decir que su frecuencia de relaciones después de los cuarenta años de edad deberá de ser de por lo menos dos veces por semana y me refiero a una pareja de esta edad porque es la edad en la que mayor necesidad de mantener una vida sexual placentera, frecuente y satisfactoria se requiere, y porque una pareja a esta edad es cuando enfrenta tal vez los problemas más serios en cuanto a la permanencia del matrimonio se refiere y coincide con que estos matrimonios enfrentan el problema que representa educar hijos adolescentes que actualmente están cargados de problemas existenciales que nadie más que sus padres pueden y deben resolver efectivamente, solo para ejemplificar esto que acabo de anotar, según las estadísticas, actualmente, el 50% de los matrimonios mexicanos se encuentran separados o divorciados o lo que es lo mismo existe un 50% de familias desintegradas. De ahí la importancia de preservar el matrimonio, pero para esto es indispensable que la pareja se mantenga estable, feliz o por lo menos, lo más feliz posible y ese es el objetivo principal de este libro, mejorar la relación de pareja para de ahí mejorar a la familia y por ende la sociedad, pues es verdaderamente alarmante ver cuánto problema genera la ruptura del matrimonio, desgraciadamente este problema afectan principalmente a nuestros hijos, que son queramos o no el futuro de nuestra sociedad. Ahora bien esta actividad sexual deberá ser placentera, satisfactoria y frecuente y eso implica que la mujer disfrute de esas relaciones de la misma manera que el varón pues vemos con demasiada frecuencia que la insatisfacción sexual de la mujer es un factor común en todas las edades y grupos sociales de manera que el objetivo de las relaciones sexuales en pareja deberá ser que la mujer llegue siempre que tiene relaciones con su esposo a experimentar el máximo placer de estas relaciones y que solo se lo da el orgasmo femenino, pero que desgraciada o afortunadamente depende de nosotros los hombres el que ella lo alcance, así que mientras en más ocasiones la mujer llegue a experimentar éste obviamente será cada vez más placentero, así que la frecuencia recomendable de relaciones sexuales a esta edad es de dos veces por semana como mínimo y si son más mejor.

Pensar en una frecuencia de relaciones sexuales de más de dos veces por semana para una pareja en la década de los 40, no es descabellado pues recordemos siempre que en el humano todo lo que no se usa se atrofia, es decir se echa a perder y todo lo que se usa mientras más se usa mejor funciona. De tal manera que se dice que "DE LA ACTIVIDAD SEXUAL DE UNA PERSONA CUARENTONA DEPENDE SU SALUD FUTURA", es decir que si esta actividad es satisfactoria y normal a medida que avanza su edad su calidad de vida será mucho mejor que en el caso contrario de tal manera que como pareja, ambos cónyuges deben mantener una actividad sexual placentera, satisfactoria frecuente y en el momento que esta inicie alguna disminución o falta incluso, será necesario corregirla lo más pronto posible pues resulta que si pasan días sin esta actividad, a la larga será esta la causa de que la función sexual se pierda incluso, con las repercusiones que ya anotaremos y que no son en nada recomendables pues acaban con la relación de pareja primero y con la familia después.

Todo esto sin entrar en los detalles de la infidelidad pues como sabemos esta es cada día más común y es la causa de una gran cantidad de divorcios que existen siendo causada en la gran mayoría de los casos por la falta de relaciones plenas y frecuentes en el hogar de lo que fácilmente podemos deducir que el remedio a este flagelo de la sociedad es muy simple pues el hombre que en su casa tiene relaciones sexuales frecuentes y plenas nunca tendrá la necesidad de buscar esto en otro lugar pero recordemos o mejor dicho tengamos presente siempre que la vida sexual en el hombre es tan necesaria como el alimento y si vemos esto así fácilmente deduciremos que al igual que sucede con la comida, si el hombre no come en su casa tendrá que comer en la calle y obviamente no importa que coma, este comentario va por eso que a veces piensa la mujer que basada en su orgullo o vanidad piensa que su esposo no se atreverá a tener otra mujer de menor rango podemos decir, por esto cree que su esposo no se animara a cambiarla por una mujer inferior, siendo esto lo que ocurre con mayor frecuencia.

LA DÉCADA DE LOS 40

Se dice que la DÉCADA DE LOS CUARENTA es una época turbulenta en la vida del ser humano pues cuando la pareja llega a eta edad, entran en una etapa muy especial pues por un lado, el hombre siente la necesidad de mantener su hombría y que mejor manera de manifestarla que por la cantidad de relaciones sexuales que tenga pues lo más común es que en esta década su actividad laboral se encuentre en plenitud pero, con demasiada actividad es decir con múltiples ocupaciones lo cual lo hace vivir muy de prisa y eso mismo ocurre con su actividad sexual por lo que esto forma parte de su éxito por así decirlo, además de que emocionalmente se siente aún joven situación que también desea demostrar y que mejor manera que en la cama, en esta edad lo que menos aceptara es que se está haciendo viejo, eso lo obligara a mantener una actividad sexual normal y frecuente por supuesto.

Por otro lado la mujer en esta década generalmente experimenta los cambios propios de su actividad hormonal, lo que hace que aparezca la menopausia la cual tiene un periodo alrededor de esta llamado peri-menopausia, el cual puede variar de unos meses a varios años y que afecta a veces de manera dramática toda la fisiología de la mujer, lo cual incluye su cuerpo, su mente y sus emociones. Situaciones todas de importancia vital que por lo mismo afectan su actividad sexual de manera preponderante pues baste decir que el deseo sexual de la mujer en esta etapa sufre una disminución importante sin ser el único síntoma sino uno de muchos que ella experimentara y que tratare más adelante.

Ahora bien, si relacionamos ambas situaciones es decir un hombre que quiere demostrar su hombría, que aún es joven teniendo relaciones lo más frecuentemente posible y una esposa que ahora no tiene deseos de tenerlas y ambos viviendo y durmiendo juntos todos los días. Creo fácil deducir la problemática que aparecerá en esta situación. Pues el varón siempre intentara satisfacer su necesidad número uno (tener relaciones sexuales) y la mujer lo rechazara por lo que acabo de anotar, situación que al hombre le afectara terriblemente pues sabemos que si una vez la mujer lo rechaza, no ocurrirá prácticamente nada pues en la siguiente oportunidad esta se resolverá pero en esta etapa este rechazo se hará más frecuente y el hombre se verá afectado en su función sexual de manera grave muchas veces. Partiendo de ahí toda la problemática sexual que estamos tratando.

LA ACTIVIDAD SEXUAL DEL VARÓN

A medida que avanza la edad las cosas cambian también como es de esperarse pues ahora un hombre cincuentón, lo mismo que la mujer a esta edad, sufre las tentaciones de alguna infidelidad pues generalmente en esta época el varón aún es muy productivo lo que lo obliga a trabajar más de lo normal absorbiendo su tiempo, el trabajo, abandonando a la esposa en casa o en el trabajo de ella y permaneciendo más tiempo en la oficina o en su lugar de trabajo donde lo que encontrara será también mujeres en la misma situación, lo que facilita en gran medida la aparición de la infidelidad. Situación que si bien, es más frecuente en el varón, actualmente va en aumento en la mujer y más si trabaja, aunque no es una limitante el que no trabaje pues esta situación es dada por el "abandono" de su esposo, sintiéndose ella aun bella y con su libido normal aun. Pues debemos saber que una vez superada la menopausia la libido de la mujer toma un nuevo impulso, producto de la presencia de testosterona la cual ahora sin que se le oponga por así decirlo el efecto de los estrógenos, el efecto de la hormona de la libido como se le llama a la testosterona es mayor y por ello su deseo sexual mejora mucho, todo lo que favorece esta situación de la infidelidad.

Pero si la pareja se mantiene unida a pesar de estos fenómenos naturales y por lo tanto normales de la edad y la convivencia en pareja. La edad avanza y ambos llegaran a la década de los 60 s. la cual podemos llamar de madurez sexual pues a esta edad, la pareja alcanza la madurez sexual y no solo sexual sino también en otras áreas de su vida pues generalmente a esta edad el hombre prácticamente tiene su vida laboral resuelta ya sea que este jubilado, pensionado o retirado pero aun con ganas de trabajar o viajar, obviamente si aún se encuentra sano, (claro cuando ha llevado una vida ordenada y sin excesos). En esta etapa ocurre también que, generalmente los hijos ya han volado del nido paterno, la pareja se encuentra sola y dedicada al cuidado de los nietos generalmente, pero con más tiempo para ellos, esto es lo que hace que ahora puedan disfrutar de su sexualidad con la estabilidad que da una vida prácticamente resuelta.

Obviamente llegar a esta edad casado o en matrimonio con una pareja es ahora algo excepcional pues esto representaría un matrimonio de por lo menos 30 años de casados y si esto es difícil de ver hoy en día. Puedo asegurarle querido amigo que una edad marital de este tipo en una relación de pareja solo representa una cosa: que tanto él como ella han cedido al otro en lo que a cada uno le gusta, le place o le contenta y esa es la verdadera razón por la cual algunos matrimonios perduran tanto tiempo. Si este es su caso puedo casi asegurarle que su matrimonio se mantendrá como eso que inicio como una relación de pareja por mucho y de verdad mucho tiempo pues déjeme decirle que una vez que el hombre y la mujer entiende o llega a entender que esa persona con quien vive es verdaderamente la persona con quien terminara los últimos días o años de vida que le quedan es la persona que lo ha hecho feliz tanto tiempo. Recuerde siempre y grave esto en su cerebro, "se hace el amor no cuando uno quiere sino cuando la persona con quien vivimos quiere" de manera tal que este es el momento de hacer que esa mujer se enamore una vez más de ese hombre, como ocurrió Hace años.- y por eso insisto en que grave usted muy bien esta frase, (SE HACE EL AMOR, NO CUANDO QUERAMOS SINO CUANDO LA PERSONA CON QUIEN CONVIVIMOS QUIERE) y "ESA ES LA MEJOR PRUEBA DE AMOR QUE PODEMOS DARLE A NUESTRA PAREJA".

La década de los 70^s: pudiéramos llamarla de tranquilidad o mejor dicho de moderación, a esta edad las relaciones sexuales deben seguir una tendencia a ser menos frecuentes pero de mejor calidad, ya que la pareja se conoce a la perfección y ya sin las presiones de hijos o nietos que interfieran con su vida sexual, prácticamente entran en una etapa de comodidad para ambos. En esta edad la situación económica será estable y les sobrara tiempo para compartir en pareja lo cual facilita mucho la comunicación de tal manera que la vida sexual entra en un periodo de moderación como he mencionado pero sin dejar de ser uno de los más grandes placeres de la vida, esto le da calidad a la relación sexual y si la evolución de esta función a lo largo de la vida hasta este momento fue normal será muy probable que se mantenga así por mucho más tiempo.

Y luego de esto cuando la pareja llega a la década de los 80's y más: podemos decir que de manera normal la actividad sexual sufrirá una disminución normal lo que solo se verá como una actividad menos frecuente pero sin desparecer pues se sabe que parejas de octogenarios tienen una vida sexual aun satisfactoria pues han aprendido que la relación sexual no se limita al coito y la eyaculación obviamente no es el objetivo de cada relación de tal manera que su relación continua siendo satisfactoria aun sin eyaculaciones sin afectar la relación matrimonial. Todo esto ocurre cuando a lo largo de la vida la pareja se mantiene o continúan vivos, pero lo que actualmente está aconteciendo es que uno de ellos fallezca a una edad en que todavía su vida sexual debe ser intensa.

Esto representa un verdadero problema para el que sobrevive, en especial cuando es el hombre el que continua con vida pues al quedarse solo, la función sexual se interrumpe de manera por demás abrupta y si recordamos que esta es una función fisiológica normal del varón veremos que acarrea una serie de trastornos, todos graves que no se resuelven sino es con la presencia de una nueva pareja, situación que en muchos casos es obstaculizada por la familia la cual obviamente no entiende esa problemática, lo que poco a poco acaba con la felicidad que de otro modo podría conseguir la persona que sobrevivió. Cuando la que sobrevive es la esposa, la situación es un tanto diferente pues a la mujer le es más fácil reprimir ese deseo sexual pues veremos que ella necesita estar enamorada para tener relaciones y en este caso necesitaría de un hombre que la enamore como sucedió al principio, si eso ocurre obviamente la vida volverá ser normal para ella, pero si no existe ese amor prácticamente no necesitara mantener su vida sexual óptima y continuara sola prácticamente hasta su muerte.

Algunas recomendaciones hablando solo de las relaciones sexuales que quisiera anotar como comentario con la intensión de que estas sean cada día mejores y evitar en lo posible alguna situación errónea o que pudiera causar algún problema por desconocimiento o errores comunes que sin ser intencionados aparecen y pueden causar problemas a veces serios, son:

El uso Profiláctico con nonoxymol 9: anticonceptivo de uso común durante la relación sexual ya sea genital, anal u oral, aunque solo sea la recomendación, además de evitar un embarazo es saber que puede irritar a uno o ambos, que tiene un sabor muy amargo y que podría afectar las relaciones orales y de ahí causar un rechazo a estas que fácilmente podemos evitar si recordamos esta característica, que en caso de practicar sexo anal esta sustancia puede lesionar severamente la mucosa rectal e incluso perforar la mucosa dado que ésta es muy frágil si la comparamos con la mucosa de la vagina la cual es muy resistente, por esta razón este producto en la vía vaginal no causa prácticamente ninguna irritación no así en la mucosa rectal la cual se puede lesionar fácilmente y aun de manera grave pues no sería raro que llegara a producir una ruptura de la misma con la consiguiente perforación de recto, lo cual sería una complicación por demás severa del uso de un producto usado por una vía que no es la indicada dando como resultado un problema grave.

En cuanto a la función sexual en sí, hay cosas que debemos saber para entender mejor lo que ocurre en determinada situación que afecte este aspecto tan importante de la vida, así debemos tener presente que.

El hombre alcanza su pico sexual entre los 18 y 22 años de edad, de ahí el dicho (JUVENTUD DIVINO TESORO) o dígame usted si no es algo divino el placer que solo hacer el amor nos da. Es a esta edad en promedio cuando el hombre puede eyacular entre tres a seis veces por día, sin problema, cuando basta ver una imagen femenina para que la erección aparezca y cuando la producción de espermas es más intensa que nunca de tal manera que si no es por estimulación visual será por la irritación causada por la presencia de éstos en la vía genital que aparece la erección y ya sea que esta función se satisfaga o no, su capacidad de hacer el amor será así hasta los 22 años en promedio periodo después del cual muestra un descenso muy gradual de su actividad sexual pero de manera muy gradual como anotamos a lo largo de toda su vida dependiendo siempre de muchos factores como veremos a lo largo de esta obra.

Habrá que saber también que la mujer alcanza ese pico sexual de 10 a 12 años después que varón es decir entre los 28 y los 32 años. Por extraño que parezca pero permanece prácticamente sin cambio hasta los 60 años aproximadamente, obviamente con todas las repercusiones que la menopausia pueda ocasionarle, situación dada por múltiples factores como son, la edad a la que inicio su menstruación ya que si esta inicio a temprana edad también su menopausia ocurrirá a una edad menor y viceversa, y un factor muchas veces minimizado respecto de la aparición de la menopausia es el uso de anticonceptivos de tipo hormonal sin importar la vía de administración pues el fin último es el mismo. (ingresar hormonas al cuerpo de la mujer) ya que todos ellos interfieren con el ciclo hormonal normal de la mujer y por lo tanto afectaran de manera directa su menopausia pues al producir estos fármacos ciclos hormonales inducidos farmacológicamente lo que están ocasionando desde un principio es suplir la función ovárica y al paso del tiempo esto llevara a atrofiar la capacidad hormonal de las glándulas femeninas encargadas de la producción hormonal normal de la mujer, así que una vez que estos medicamentos son suspendidos los ovarios ahora tienen dificultades para tomar nuevamente el control de esta función y su actividad decrece rápidamente o por lo menos más rápidamente de lo que ocurriría en situaciones normales presentándose la menopausia a edades menores de las habituales y si hablamos de la anticoncepción definitiva la famosa (salpingoclasia) o ligadura de las trompas como se le conoce, este hecho que aparentemente no causara ninguna repercusión en su vida sexual si afecta de manera importante la edad a la cual aparece la menopausia, la razón para esto es la siguiente: en todo procedimiento quirúrgico con este fin (oclusión de las trompas de Falopio) siempre se verá afectado el aporte sanguíneo a ambos ovarios en unos más que en otros pero siempre se verá afectado dependiendo esto de la técnica quirúrgica empleada y de la habilidad del cirujano que la lleve a cabo pues este puede ser muy radical y resecar una gran cantidad de tejido al momento de operar o por el contrario limitarse exclusivamente a ocluir el conducto por el cual pasara el ovulo y respetar los tejidos adyacentes de manera que el procedimiento sea lo más fino posible por así decirlo y con ello dejar menos secuelas que en un futuro darán menos problemas también pero, lo común es que el procedimiento afecte el aporte sanguíneo a los ovarios y esto conlleva a un envejecimiento anormal de estas glándulas lo que hará que a una edad menor de la habitual estos cesan su función y a esto se debe que la menopausia aparezca a una edad temprana incluso en la década de los 30's. Esto también tiene relación directa con la edad a la cual una mujer es ligada, pues existe correlación directa entre la edad a la que se operó y la aparición de la menopausia, es decir, que a menor edad de operada menopausia más temprana y esta es la razón de que a la mujer que se embaraza muy joven se le aconseja usar métodos de planificación familiar temporal y ninguno definitivo como el que acabo de anotar, pues una vez realizado no es posible revertir el proceso al 100/100.

La función sexual es tan importante y sin embargo tan minimizada u olvidada que perdemos la noción de su importancia por lo que quisiera anotar o mejor dicho hacerle una observación al respecto, se ha puesto a pensar que, "HACER EL AMOR CON LA MISMA MUJER MILES DE VECES ES PARA TOMARSE EN SERIO?". Esta observación simple nos debe llamar la atención, pues yo dudo que se haya usted fijado en que si usted es un hombre entre los 40 y 50 años, quiere decir que en promedio ha vivido con su pareja entre 25 y 30 años y haciendo cuentas simples si a lo largo de este tiempo han hecho el amor dos veces a la semana solamente, cosa que dudo mucho, a estas alturas usted Habrá hecho el amor con su esposa entre DOS MIL Y TRES MIL VECES y eso si es para tomarse en cuenta y en serio pues de tantas veces que han compartido la intimidad más profunda de sus cuerpos, debe existir algo más que simple convivencia y eso precisamente es lo que quiero hacer notar, en todas esas ocasiones usted ha compartido con su esposa miles de experiencias y estoy seguro todas ellas satisfactorias pues el placer que nos dan las relaciones sexuales creo yo es incomparable, no se termina y si hablamos de sexo la eyaculación es una función que por sí sola nos lleva a los hombres al clímax en cualquier relación así que su esposa le ha dado miles de veces ese placer tan grande, por eso es que insisto en que esta función es, aparte de importante casi vital pues eso los ha mantenido unidos miles de veces pues como veremos las hormonas que se liberan en el acto sexual tienen esa finalidad, y en cada una de ellas se han sentido más unidos uno al otro, de lo que se desprende que como pareja el conocimiento que tengan uno del otro es casi total y por eso no le extrañe que su esposa adivine por decirlo de algún modo cosas que usted incluso trata de ocultar o a veces ni siquiera usted sabe esa es la razón y no que lo espíe ni mucho menos.

LA OXITOCINA Y SUS BENÉFICOS EFECTOS

Una de las hormonas que se libera cuando la mujer alcanza el clímax que es el orgasmo femenino en las relaciones sexuales es LA OXITOCINA.

La palabra oxitocina viene del griego, y sus raíces son: "Oxys que quiere decir rápido y Tocos nacimiento". Se llama también hormona de las mimosas (POR SU EFECTO EN EL ASPECTO EMOCIONAL que veremos más adelante) se líbera por estimulación del pezón y por distención del cérvix, útero, vagina y genital femenino asociada siempre al orgasmo, se llama también molécula del amor o afrodisíaca. Desencadena el reflejo de ferguson que consiste en la aparición de contracciones uterinas potentes dadas por la estimulan del cuello uterino en el trabajo de parto, mediadas obviamente por la liberación de oxitocina. La lactancia materna eleva los niveles de oxitocina y su efecto de elevar la calidez es lo que favorece la aparición de los lazos de pareja, se eleva también en el enamoramiento por estimulo afectivo a nivel hipotalámico. En la mujer, la voz es un estímulo potente para su liberación A ESTO SE DEBE QUE LA MUJER SE ENAMORE MÁS POR LOS OÍDOS, es decir, por lo que escucha, más que por lo que ve o siente, los efectos de esta hormona, son múltiples y muy variados pero todos benéficos y placenteros como describiré en seguida.

1. ALTOS NIVELES DE OXITOCINA BLOQUEAN LA SENSACIÓN DE MIEDO, es tan poderoso su efecto o tan placentero que la sensación de miedo simplemente desaparece o no existe y por eso los hombres enamorados son tan osados, valientes y temerarios. Se ha visto además que la presencia de oxitocina.

2. DISMINUYE EL DESARROLLO DE TOLERANCIA A VARIAS DROGAS como la morfina, el alcohol, la cocaína etc. Es decir que

si un hombre libera frecuentemente cantidades elevadas de oxitocina difícilmente creara adicción a drogas como las que anoté. A pesar de exponerse a ellas aunque en casos como este sería lo más raro de ocurrir pues un hombre con una vida sexual plena, satisfactoria y frecuente, difícilmente recurriría a sustancias como las drogas para buscar placer pues este ya lo tiene y de qué manera.

3. REDUCE LOS SÍNTOMAS DE LA ABSTINENCIA, por eso cuando un hombre o mujer tienen una vida sexual satisfactoria, plena y frecuente no caen en vicios o le es más fácil a un joven o a una señorita, superar un vicio como las drogas, cuando su vida sexual es plena, frecuente y satisfactoria pues al liberar cantidades elevadas de oxitocina los síntomas de abstinencia que acompañan a la privación de estas sustancias se minimizan o desaparecen. Un efecto más de esta maravillosa hormona es:

4. PROTEGE LA FUNCIÓN CEREBRAL DEL NIÑO AL NACER, esto se sabe porque cuando un bebe nace, durante el trabajo de parto el paso del niño por el canal femenino comprime por así decirlo el cerebro del niño y esto puede causarle daños desde leves hasta graves pero cuando esta hormona está presente en estos bebes su cerebro tiene una protección agregada y toleran este acontecimiento de mejor manera que en caso de no existir oxitocina en cantidades a decuadas.

Los efectos de esta hormona están tan estudiados que ahora se aplican con fines ya no tan fisiológicos como el siguiente: La droga "ÉXTASIS" (que es una de las drogas llamadas de diseño, es decir que este fármaco se ha hecho con determinado fin de manera artificial en el laboratorio) INCREMENTA LA ACTIVIDAD DE LA OXITOCINA, y por ese efecto está droga se relaciona mucho con la aparición de afecto entre los que la consumen, dato interesante es que esta droga ingerida o inyectada directamente no tiene estos efectos a nivel nervioso central pues por sus características químicas esta sustancia no cruza la barrera hematoencefalica, es decir que no entra al cerebro y por lo tanto no tiene estas acciones, solo cuando su producción y liberación ocurre dentro del cerebro es que aparecerán estos resultados, cosa que ocurre solo por estimulación.

5. FACILITA LA CONFIANZA Y GENEROSIDAD ENTRE LAS PERSONAS, razón por la cual el vínculo matrimonial se hace tan

estrecho y entrañable mientras más y mejor vida sexual tenga la pareja. Y obviamente la frecuencia es fundamental para que este efecto al ser constante alcance más y más áreas del cerebro. Es la hormona que estrecha el vínculo matrimonial, de ahí mi insistencia en que las relaciones sexuales de la pareja son el remedio a muchos de los males que aquejan a nuestra sociedad actual.

6. COMBATE LA ANSIEDAD Y LAS FOBIAS. Por supuesto, pues al producir tanto placer la ansiedad desaparece y hace olvidar hasta los temores más grandes como ocurre en los casos de las fobias, si recordamos, la ansiedad es una de las alteraciones que más afecta la actividad sexual del hombre principalmente y si ahora sabemos que la liberación de oxitocina hace que la ansiedad desaparezca o no exista si su presencia es constante, debemos pensar que la actividad sexual es el tratamiento ideal para evitar o eliminar esta alteración mental que tanto daño hace al ser humano y si de las fobias hablamos como ya vimos que esta hormona hace desaparecer el miedo, de ahí fácilmente comprenderemos como es que los niveles elevados de oxitocina evitan la aparición de estos fenómenos.

La ingesta de DULCES Y CHOCOLATES ELEVA SUS NIVELES, se dice que el chocolate es un afrodisiaco, que produce demasiado placer, comer chocolate, en fin dichos y frases que si ponemos atención a la frase inicial de este comentario tienen algo de cierto pues si partimos del hecho que el comer dulces y chocolates estimula la producción y liberación de oxitocina ahora nos será fácil entender que estas sustancias sí producen tal placer debiéndose esto al efecto directo de la hormona que estamos comentando. Y por eso es que a muchas "mujeres" les atraen los dulces, en especial los chocolates, los que incluso no deben ser de ninguna manera especiales pues el efecto lo da la cocoa como producto del cual se obtiene la teobromina que es la sustancia activa en este caso y esta se encuentra en cualquier chocolate.

El estímulo más poderoso para la producción y liberación de oxitocina es la estimulación directa de los pezones, por esta razón es necesario comentar que los senos de la mujer son una zona que debe ser acariciada por el varón, en especial los pezones en toda relación sexual pues conociendo esto lo que ocurrirá es que la mujer liberara más oxitocina y con ello todos los efectos benéficos de esta hormona. Esto está plenamente demostrado, así que es conveniente que el hombre sepa que si quiere llevar a su pareja al clímax de la relación más fácilmente, de manera más completa, deberá siempre acariciar los senos de su pareja, en especial los pezones y de manera constante pues a mayor estímulo mayor liberación y por lo tanto mayores efectos.

Cuando ocurre el orgasmo, éste inunda el cuerpo de oxitocina, elevándose esta hormona hasta más del 300% sus niveles normales siendo lo más sobresaliente de esa hormona que aumenta el interés sexual de la mujer, la oxitocina hace que la relación sexual se convierta en una adicción por así decirlo pero con la diferencia de que al ser una hormona endógena, es decir que nosotros la fabricamos, nunca tendrá efectos indeseables y si por el contrario muchos efectos benéficos, haciendo que la "mujer" desee con más frecuencia tener relaciones.

7. HACE MÁS AFECTUOSA A LA MUJER. Eso la lleva a ser más cariñosa de manera natural con su pareja haciendo mucho más agradable la convivencia en pareja pues la mujer por naturaleza es mucho más afectuosa que el hombre, el cual es comúnmente muy seco o poco afectivo, en muchas ocasiones esto hace que su pareja también se reprima en mostrar ese afecto natural que tiene, pero que si ahora sabemos que la presencia de oxitocina hace que en la mujer aflore esa afectuosidad que tiene el resultado será una pareja más unida, que con mucha mayor facilidad expresará sus sentimientos y emociones y sobre todo que se manifestarán más fácilmente su afecto.

8. ES UN POTENTE ANTIDEPRESIVO, pues al liberarse esta hormona en el sistema nervioso central su efecto es hacer que los demás neurotransmisores (serotonina, noradrenalina, y acetilcolina) también se liberen y ejerzan sobre él sus efectos naturales, siendo uno de ellos el que el estado de ánimo sea mejor, así evitaremos la aparición de emociones como la tristeza o el miedo, transformando todo en alegría y amor. Así que yo creo que es imposible estar deprimido si tenemos relaciones sexuales plenas, satisfactorias y frecuentes.

9. Da esa SENSACIÓN DE MAYOR CALIDEZ Y TERNURA que se presenta inmediatamente después de la relación sexual o dígame si no es natural este efecto, persistiendo más tiempo del que duró en si la relación sexual y ocurre que mientras más frecuentemente ocurra este

fenómeno, su intensidad será cada vez mayor, es decir que mientras más veces se haga el amor mayor cantidad de oxitocina se liberara en cada una de ellas haciéndose por supuesto cada vez más intenso este efecto consolidando por esta simple razón cada día la relación de pareja además de preparar el cuerpo de la mujer para los futuros embarazos pues de ella depende el inicio, la evolución y la resolución del parto así que por estas razones es más que necesario hacer el amor la mayor cantidad de veces posibles. Solo recuerde que esta sustancia se libera solo cuando se llega al orgasmo, de manera tal que si en una relación sexual la mujer no alcanza éste, obviamente no liberara oxitocina y los efectos que acabo de anotar no aparecerán. Aunque ahora estoy seguro que usted querido amigo se preocupará siempre porque su pareja alcance en cada relación sexual el clímax de la misma que es el orgasmo.

Desgraciadamente, la falta de orgasmo femenino es muy frecuente o común, a esto se debe que la mujer se queje de insatisfacción sexual, precisamente porque ella no alcanza el orgasmo tan fácilmente como el varón y como el hombre una vez que lo alcanza, prácticamente termina para él la relación. Sucede que la mujer se queda siempre insatisfecha y los efectos benéficos que tiene el acto sexual no se obtienen. Esto hace que poco a poco para la mujer el acto sexual no solo no represente placer sino incluso hasta le sea molesto, agresivo o traumático pues cuando una mujer no llega al orgasmo los fenómenos que ocurrieron hasta ese momento dejan en ella sensaciones muy desagradables pues la pelvis de la mujer se congestiona demasiado durante el tiempo previo al orgasmo y esa congestión solo se libera cuando lo alcanza, así que es fácil deducir que si no llega a él. La congestión no se resuelve dejando en ella la sensación de congestión sanguínea a nivel de la pelvis la cual se manifestara por dolor distención y endurecimiento de la región pélvica, malestar que dura cada vez más tiempo. Condicionando en ella el rechazo normal a tener relaciones sexuales. De ahí la importancia de que la mujer en cada relación sexual alcance el orgasmo pues de esta manera no existirá congestión pélvica y si en cambio experimentara el placer inigualable del orgasmo con lo que su disposición a hacer el amor frecuentemente estará asegurada.

Un fenómeno más respecto a la frecuencia de las relaciones y la liberación de oxitocina es que actualmente como vemos la frecuencia de relaciones sexuales ha disminuido y por eso no debe extrañarnos que cada día sea más frecuente que los niños nazcan por operación "cesárea", no por parto normal como debiera ser y como fue hasta hace ya algunos años, situación en la que yo encuentro relación si sabemos lo que acabo de anotar. Por lo tanto cuantos más orgasmos tenga la mujer, mayor cantidad de oxitocina sintetizará y liberara y su futuro obstétrico será mejor, además de todos los otros beneficios anotados.

Recalco, el orgasmo porque este es el punto culminante de la relación y si no se alcanza, la liberación de esta hormona no ocurre y por lo tanto sus efectos no aparecerán, esto es fácil notar pues las contracciones que la mujer experimenta durante la fase orgásmica son precisamente la manifestación fisiológica del efecto de esta hormona, las cuales son del todo placenteras pues este efecto se acompaña también de la liberación de un grupo de hormonas llamadas endorfinas.

LAS ENDORFINAS Y SUS BENÉFICOS EFECTOS

LAS ENDORFINAS, son hormonas liberadas de manera endógena es decir que el ser humano fabrica y libera estas sustancias al torrente sanguíneo en determinadas circunstancias, siendo unas ellas el clímax de la relación sexual.

El nombre de estas hormonas se debe a su parecido químico con la morfina y por lo tanto también de efecto, el cual es igual al de la morfina que como usted sabe es una droga muy poderosa, pues ocurre que estas sustancias en nuestro organismo tienen ese mismo efecto y la manifestación física de este es el mismo que si hubiéramos ingerido o nos hubieran aplicado esta droga con la única gran diferencia que al ser fabricada por nosotros mismos, carece de efectos secundarios y solo tal vez en algunos casos, esto sería motivo de otra obra, el caso de personas desequilibradas que entonces convierten el acto sexual en una manera de drogarse por así decirlo, pues lo que intentan es repetir ese placer que solo estas sustancias nos dan condicionando conductas del todo anormales cosa que de manera normal no ocurre pues fisiológicamente todo lo que pasa debe ser muy sano.

- SON LOS MÁS POTENTES ANALGÉSICOS QUE SE CONOCEN (es decir que quitan o eliminan cualquier tipo de dolor) por esta razón es que el acto sexual nunca debe limitarse y menos prohibirse por causa de la enfermedad pues su efecto fisiológico es incluso terapéutico en todos los casos pues cuando alguien no tiene dolor o de alguna manera le aliviamos el dolor la curación es más pronta y dígame usted que mejor forma de conseguir este efecto que haciendo el amor, además de estos efectos que ya de por si justificarían la relación sexual frecuente, tenemos que:

- ALIVIAN EL ESTRÉS, tan común en nuestros días, pues si sabemos que tienen el mismo efecto que la morfina obviamente estas hormonas evitan que un paciente se estrese, soporte de manera adecuada las situaciones que la vida le presente y le puedan generar estrés.

- HACEN FUNCIONAR MEJOR EL TACTO DIGESTIVO, estas sustancias tienen efecto en el tubo digestivo porque en este sitio existen sustancias que son estimuladas directamente por las endorfinas y hacen que el tránsito y secreción del tubo digestivo en su totalidad funcionen mejor y si el tránsito intestinal es adecuado y sus secreciones correctas, los problemas de indigestión y estreñimiento prácticamente desaparecen.

- ESTIMULAN A LOS RIÑONES PARA QUE ELIMINEN MEJOR TODOS LOS DESECHOS DEL ORGANISMO. Es decir para que desintoxiquen nuestro cuerpo de sustancias de desecho. La función renal es indispensable para la vida y si las endorfinas los estimulan a funcionar mejor el resultado será una vida más sana.

- RELAJAN LOS MÚSCULOS E INDUCEN EL SUEÑO DE MANERA NATURAL, sabemos que el estrés diario hace que nuestros músculos se encuentres constantemente tensos, contraídos, esa contractura muscular aparte de dolorosa es una limitante para que descansemos como debe ser, de manera tal que la contractura muscular interfiere con nuestro descanso y sueño fisiológico así que si sabemos que las endorfinas tienen como uno de sus múltiples efectos inducir el sueño y relajar la musculatura, el efecto de ésta en nuestro descanso y función muscular es obvio y siempre benéfico.

Usted sabe que el estrés es algo tan común en nuestros días que está acabando con muchas relaciones incluso, pues hace a la persona irritable, violenta, agresiva o callada y aislada. Respuestas todas ellas que interfieren con una convivencia sana en cualquier lugar y si recordamos que el hombre es un animal social, es decir que debe vivir en sociedad, es obvio que el estrés afecta esta área del ser humano y con ello le acarrea una serie de problemas no solo en su salud sino en la de su familia y su entorno en general. De manera tal que si frecuentemente liberamos endorfinas estás harán su efecto diario favoreciendo nuestra convivencia en pareja, primero, familiar después y por último en nuestra sociedad, obviamente mejorando nuestra convivencia en todos los aspectos de nuestras vidas.

Se ha comprobado que los hombres que tienen más relaciones sexuales, viven más, siendo una frecuencia de dos veces por semana, un buen parámetro pues los que reportan una frecuencia de una vez por mes tienen mayor probabilidad de morir a temprana edad obviamente esto aplica en hombres de entre los 40 y 50 años de edad pues a menor edad, la frecuencia debe ser mayor y a más edad es aceptable una frecuencia menor pero sin llegar a desaparecer esta actividad. Respecto a esto quisiera hacer la observación que esto no debe depender solo del varón pues estamos acostumbrados a que es el hombre el que debe llevar la iniciativa y no hay nada más falso, pues tanto el hombre como la mujer, necesitan hacer el amor pues todos los efectos benéficos que aportan las relaciones sexuales, aplican de igual manera para ambos y por lo tanto esta debe ser una tarea de los dos, así que si el hombre no inicia todo ese protocolo, que tiende a terminar en una relación sexual, debe ser la mujer quien lo inicie y no le quepa la menor duda de que el esposo responderá, pues el hombre solo requiere iniciar esta estimulación para responder de inmediato no así la mujer pues ella necesita mucho más tiempo, caricias, palabras, un ambiente romántico en fin, es mucho más difícil llevar a una mujer a la relación sexual que a un varón. Pero para que esto ocurra recuerde que si en la relación sexual la mujer no alcanza el orgasmo, será muy difícil que ella quiera tener relaciones frecuentemente y por lo tanto no será ella la que inicie este protocolo, pues a nadie le gusta repetir algo desagradable, molesto o doloroso, todo esto sin entrar en los detalles de la infidelidad pues como sabemos ya ésta es cada día más común y es la causa de una gran cantidad de divorcios.

La falta de relaciones sexuales plenas y frecuentes en la pareja, lleva al hombre a problemas aún más serios como la impotencia o DISFUNCIÓN ERÉCTIL como quiera llamársele para el caso es lo mismo. Ya que La potencia sexual como hemos visto es una manera de demostrar la hombría del varón y cuando esta disminuye o se termina, su efecto es verdaderamente devastador. Por lo que vamos a revisar que ocurre o porque se presenta ésta y para entender mejor lo que ocurre veamos primero cual es el proceso que lleva a una erección óptima.

La excitación del varón comienza en el cerebro, a través de una variedad de estímulos, principalmente por estimulo visual.

La libido del varón cambia según cambia su edad cronológica en cuanto a calidad y potencia pero como respuesta normal se produce siempre por estímulos internos y externos así vemos que el hombre se exista por el solo hecho de ver a una mujer bonita, o incluso recordar solamente una imagen excitante, donde la imaginación juega un papel importantísimo, después de lo cual solo requerirá mantener la estimulación por un periodo de tiempo más y fácilmente terminara con una eyaculación, pero además el hombre es excitable a través de los demás sentidos como el tacto el cual es muy poderoso para excitar a un hombre, sin olvidar claro el olfato, pues los aromas también ejercen en el varón estímulos poderosos en lo que a excitación se refiere.

Aunque existen otros estímulos capaces de excitar a un hombre. Una vez que ocurre la excitación lo que sigue es una serie de efectos totalmente fisiológicos que consisten en los siguiente: Se libera una sustancia llamada Óxido nítrico en el pene, este activa la acción de otra sustancia llamada guanosin mono fosfato cíclico la cual tiene efectos directos en este órgano como el de ser un vaso dilatador arterial potente además de relajar del cuerpo cavernoso. Lo que hace que este se llene de sangre y comprima las venas de retorno, es decir que este órgano se llena de sangre porque la cantidad de sangre que le llega es muy grande y la que retorna de él es muy baja, así que este almacena sangre en su interior, dándole la rigidez característica de la erección y dependiendo de esta rigidez será la potencia que este órgano tenga para penetrar a la mujer, siendo esta rigidez necesaria para esta acción pues de otra manera nunca podrá penetrar una vagina, ahora bien esta rigidez debe ser duradera pues requiere permanecer rígido durante un tiempo prolongado si lo que quiere es llevar a su pareja al clímax de una relación, dependiendo de esto la satisfacción femenina y siendo al mismo tiempo la causa de tanta insatisfacción por parte de la mujer aspecto fundamental también en lo que respecta a la relación de pareja estable satisfactoria y frecuente pues si la mujer no alcanza el clímax obviamente no sentirá que esa relación es placentera o que le provee satisfacción y de ahí partirá su falta de deseo por llevarla a cabo y más aún tan frecuentemente como el varón quiere o quisiera.

Ahora bien si el hombre debe excitarse para tener una relación sexual lo mismo sucede con la mujer solo que por ser diferente su función hormonal y al mismo tiempo sus niveles de testosterona menores, que los del varón, éste fenómeno sucede en la mujer de manera diferente. Pues en primer lugar. La libido de ella es muy baja de tal manera que su deseo sexual aparece muy lentamente o requiere estimulación previa para producirse, de ahí la importancia del preámbulo amoroso que debe anteceder a la relación sexual de la mujer. Así vemos que la mujer al ser más auditiva que visual requiere mucho de este estímulo para despertar su deseo y posteriormente la excitación que necesita para una relación. Por eso debe el hombre saber que lo primero será enamorar a su esposa por así decirlo sim importar claro que ya estén casados pues aquí lo que necesitamos es despertar en ella el deseo sexual y esa es la mejor manera pues vamos a ver más adelante que este estimulo hace que el cuerpo de la mujer libere hormonas que hacen o favorecen en ella la aparición del deseo sexual y una vez que este aparece el estímulo debe continuar y agregarse las caricias o el estímulo físico para que progrese la excitación la cual tienen como manifestación la lubricación de la vagina la cual equivale a la erección en el varón y aunque pudiéramos decir que sin erección nunca existirá relación sexual con la falta de lubricación no sucede lo mismo pero si interfiere con el placer que ella experimentara pues si no existe lubricación vaginal la penetración será muy traumática, dolorosa y a veces imposible, situación que si bien puede resolverse con cremas o lubricantes prácticamente de cualquier tipo no es esta la mejor manera de solucionarlo como vamos a ver pues la lubricación vaginal solo es una parte de la relación sexual la cual debe complementarse con otras situaciones que vamos a revisar.

Nunca debemos perder de vista u olvidar que el máximo placer de la relación sexual tanto en el hombre como en la mujer es el orgasmo y este como ya vimos en el hombre es muy rápido y sencillo pues coincide con la eyaculación no sucediendo así con la mujer la cual requiere toda una secuencia de estimulación para llegar al clímax de una relación sexual. Con la diferencia favorable que el orgasmo en el varón es único o es raro que el varón tenga más de dos. No así la mujer la cual si bien es difícil y tardado hacer que llegue a él, una vez que lo alcanza, éste se repite en múltiples ocasiones aumentando obviamente el placer que la mujer experimenta, de ahí la importancia de hacer o ayudarla a que lo alcance, situación que como varones debemos tener siempre presente si queremos que nuestra pareja desee cada vez que se lo proponemos tener relaciones sexuales pues el placer es algo que siempre se querrá repetir no así el dolor o el sufrimiento, pues de esas cosas negativas deriva el rechazo que la mujer presenta a tener relaciones sexuales frecuentes y de esto solo nosotros somos los culpables y pensamos luego que la mujer es frígida, que no tiene deseo sexual, que no le gusta o no quiere tener relaciones con su esposo, de ahí deriva esa famosa frase de los franceses, famosos por la creencia de que son los mejores amantes del mundo, de que --"NO EXISTE MUJER FRÍGIDA SINO SOLO HOMBRES IGNORANTES"-- que no saben esto que acabo de anotar. Así que procuremos recordar siempre esto cuando intentemos tener intimidad con nuestra esposa y hagamos hasta lo imposible por llevarla al orgasmo antes que lleguemos nosotros. Si lo consigue le aseguro una vida sexual plena, satisfactoria y obviamente frecuente. Objetivo primordial de esta obra, pues con ello como veremos más adelante resolveremos una infinidad de problemas y sobre todo viviremos más felices el resto de nuestras vidas.

Todo lo que ocurre o debe ocurrir para llevar a cabo una relación sexual en el varón tiene que llevarlo a una erección optima pues sin ella es imposible la relación sexual y no existe manera de fingir una erección, simplemente existe o nó existe erección y de ahí habrá relación sexual o será imposible, este hecho hace que cualquier cosa que interfiera con la producción de esta erección dé como resultado la tan temida IMPOTENCIA SEXUAL. También llamada. DISFUNCIÓN ERÉCTIL. La cual abreviaremos como D.E.

LA IMPOTENCIA SEXUAL O D.E

A los hombres nos cuesta trabajo el simple hecho de pronunciar la palabra impotencia y una vez que surgen los problemas de erección los hombres se consideran incapaces, inútiles, poco hombre o incluso que ya no lo son y sus vidas amorosas rápidamente se encaminan hacia el montón de basura, el orgullo masculino se ve herido y se afecta su autoestima, su valía personal y ya no queda más que comentar con todo el orgullo posible las proezas sexuales de su juventud y aunque no tenemos problema en contarle a nuestros amigos nuestros problemas de salud, hasta las hemorroides incluso, jamás nos atrevemos a contarles que somos impotentes, pero para su tranquilidad la mayoría de los problemas de impotencia son debidos a problemas físicos, lo mismo que los problemas emocionales que afectan la erección llegando incluso al hecho de que solo pensar que pueden volverse impotentes es suficiente para que desaparezca la erección, así de complicado y delicado es este aspecto de la vida sexual del hombre.

Y para entender esto vamos a ver qué es lo que ocurre para que LA DISFUNCIÓN ERÉCTIL se produzca

La disfunción eréctil (DE) ocurre cuando la cantidad de sangre que entra al pene así como la que sale de él es igual, es decir que no se almacena y si no se almacena, si la sangre no se acumula en el pene, éste nunca se pondrá erecto, apareciendo la tan temida impotencia sexual. Fenómeno que ocurre fisiológicamente primeramente por una alteración hormonal o nerviosa pues son las hormonas y los nervios los que hacen que las arterias se dilaten y al mismo tiempo las venas se contraigan para que la sangre que llegue en abundancia al pene no pueda retornar a la circulación sanguínea inmediatamente, esto que parece tan simple requiere una integridad perfecta de nuestra función hormonal y neural por eso es que cualquier cosa que altere cualquiera de estas ya sea a través de las emociones o las enfermedades o simplemente las preocupaciones, el temor, el miedo, las tensiones, la ira, los corajes y todo lo que altera nuestra estabilidad cerebral será causa de disfunción en la actividad tanto de arterias como de venas dando con ello como resultado alteraciones tan especiales como en este caso, impotencia sexual.

CAUSAS DE IMPOTENCIA SEXUAL

Veamos ahora cuales son en nuestros días las causas más comunes de DE.

Las causas más frecuentes de (DE) son: Las enfermedades y de ellas las más comunes y que desgraciadamente van en aumento cada día son las llamadas enfermedades crónico degenerativas ya que estas ocasionan cada día más casos de disfunción eréctil, de estas mencionaremos las siguientes:

DIABETES. La diabetes mellitus es una elevación anormal del nivel de glucosa en la sangre ocasionado por una serie de factores de los cuales yo creo el más importante es el estrés, la razón fisiológica de que esta enfermedad cause disfunción eréctil es la siguiente: los niveles de glucosa (azúcar) elevados en la sangre hacen que al paso del tiempo se afecten diversos órganos del cuerpo como ustedes saben o habrán visto en los pacientes diabéticos como son: los riñones, los ojos, la piel etc. pero en lo que nos ocupa lo que ocurre es que este efecto también alcanza los nervios de todo el cuerpo y en este caso los que inervan el pene, alterando o interfiriendo con su función normal, al funcionar mal estos nervios la consecuencia será que no podrá producirse ese efecto que anotamos antes, es decir, las arterias ya no se dilataran para llevar más sangre al pene y las venas no se contraerán para impedir que la sangre retorne del mismo produciéndose así una incapacidad de erección o impotencia sexual. Esta situación aparece en la medida que la diabetes va causando estragos en todo el cuerpo de manera tal que no es un efecto inicial de la enfermedad sino que se produce al paso del tiempo y sobre todo por el descuido de esta patología pues una diabetes bien controlada no dará esta alteración o por lo menos no tan pronto como sucede en caso de que esta enfermedad se encuentre descontrolada pues al tener niveles elevados de glucosa en sangre constantemente ésta ocasiona la famosa neuropatía diabética. Es decir enfermedad de los nervios causada por ella, a esto habrá que agregar una afectación más de esta enfermedad, la llamada, angiopatía diabética que es la afectación de los vasos sanguíneos también dada por este descontrol en los niveles de azúcar, donde la razón es la siguiente, los niveles elevados de azúcar en sangre dan como resultado al paso del tiempo, depósitos anormales de productos derivados del mal manejo o del metabolismo alterado de la glucosa, sustancias que se depositan en las capas de tejidos que forman las arterias y venas, que a la larga les impiden contraerse o relajarse de manera óptima. De tal manera que ahora la arterias de un diabético no se relajan adecuadamente impidiendo con ello que la sangre llegue en abundancia al pene y las venas no se contraerán adecuadamente permitiendo que la sangre retorne libremente a la circulación general. Con lo cual es imposible que el pene se llene de sangre impidiendo de este modo la erección, situación que como anotamos antes nunca es inicial sino que requiere tiempo, pero que se presentara tarde o temprano, debiéndose a ello que cada día exista más DE, causada por la diabetes y si vemos las estadísticas de esta enfermedad, es verdaderamente alarmante la cantidad de pacientes afectados por esta enfermedad la cual como ya anoté, pertenece al grupo de las llamadas enfermedades crónico degenerativas que no es otra cosa que enfermedades de muy larga evolución pero que se caracterizan por ser degenerativas lo que quiere decir que a medida que el tiempo transcurre la enfermedad va haciendo que poco a poco los tejidos degeneren es decir se vallan destruyendo y con ello perpetuando la enfermedad o causando cada vez más estragos obviamente sin remedio pues es una pérdida progresiva de las funciones de manera irreversible, además de que cada día esta patología se presenta a edades más tempranas pues hasta hace más o menos 20 años la diabetes era una enfermedad de los adultos mayores, es decir gente mayor a los 60 años, por lo que estas alteraciones que acabamos de anotar se presentaban en los hombres mayores de 70 años en promedio, lo habitual era ver que a un adulto de 75 años o más le amputáramos una pierna o los dedos, y era algo que hasta se tomaba como algo natural pues la avanzada edad era justificante de estas alteraciones dadas por la diabetes y a esa edad la actividad sexual del hombre ya no era algo prioritario de manera que no nos preocupaba remediar esta alteración sino solo las más apremiantes como el caminar o evitar la muerte de estos enfermos, pero lo que acurre en nuestros días es que la diabetes aparece a muy temprana edad tanto como en la década de los 30 años o incluso menos y las alteraciones se presentan por esta razón también a menor edad, así vemos varones de 40 años que ya presentan una neuropatía diabética severa y una angiopatía diabética igualmente grave en algunos casos y si recordamos la manera en que afecta esta enfermedad la erección es fácil suponer que el remedio no es sencillo, y mucho menos definitivo pues al ser una enfermedad crónico degenerativa, lo que estamos diciendo es prácticamente que nunca sanara y sí cada día presentara más y más alteraciones relacionadas con la misma como vemos, pues ahora es frecuente ver personas en su etapa laboral más activa, con un daño renal por la diabetes en etapas ya avanzadas, tanto que tienen que usar tratamientos tan molestos como la diálisis peritoneal por ejemplo o vemos pacientes con ceguera cada vez más grave dada por la afectación a nivel de los ojos que causa esta enfermedad y que llamamos retinopatía diabética, que los limita demasiado, sin que exista un tratamiento efectivo y menos definitivo para la misma y así podría seguir enumerando otras afectaciones que provoca la diabetes pero en lo que nos ocupa con esto me perece suficiente.

Otra enfermedad que provoca de manera directa DE. Es LA HIPERTENSIÓN ARTERIAL, enfermedad común y en este caso la causa o la razón de ello es que un paciente que tiene hipertensión o mejor dicho, en el paciente hipertenso lo que está ocurriendo es que sus arterias se contraen demasiado, de manera permanente haciendo que el corazón tenga que trabajar de más o aumentar su fuerza de contracción para expulsar la sangre que debe enviar en cada latido y así poder vencer la resistencia que ofrecen unas arterias contraídas, de manera constante, este fenómeno se presenta también al igual que en la diabetes a todos los niveles, por eso es que también en el hipertenso se afectan a la larga los riñones, los ojos y todos los demás órganos pues lo que está ocurriendo con ellos es que al estar contraídas las arterias más de lo normal y de forma permanente la sangre enviada por el corazón no les llega en la misma proporción, por lo tanto su función se deteriora o falla por completo, en este caso a nivel del pene lo que ocurre es exactamente eso, este órgano al no recibir un aporte adecuado de sangre no se puede llenar de ella para producir una erección, pues al estar permanentemente contraídas sus arterias, la relajación de las mismas no ocurre, por lo tanto no pueden aumentar su calibre para así llevar más sangre a este órgano y producir la erección y curiosamente a esto se debe que los medicamentos que se usan para tratar la disfunción eréctil se descubrieron por una mera casualidad o benditamente un error, pues lo que ocurrió es que estos fármacos fueron inventados para tratar la hipertensión arterial porque su efecto principal es el de dilatar las arterias, es decir, hacer que las arterias aumenten su calibre o pierdan la contracción que tienen y con ello se irrigue mejor el órgano correspondiente y el corazón ya no tenga que bombear la sangre con tanta fuerza y así disminuir la presión arterial. Este fenómeno ocurrió con estos fármacos desde su origen pero su potencia para bajar la presión arterial no fue suficiente para ser indicados con este fin y ocurrió que al pedirle el laboratorio a los hombres participantes en estas pruebas clínicas que regresaran las muestras sobrantes estos no quisieron regresar las tabletas que les quedaban, esto necesariamente llamo la atención de los científicos quienes investigaron la razón y fue cuando vieron que si bien no bajaban la presión arterial si elevaban la calidad y duración de la erección en todos ellos y en algunos de estos hombre incluso volvió a aparecer la erección cuando hacía ya hacía tiempo no existía ésta, pues lo que sucede es que estos fármacos sí son relajantes de las arterias pero tienen una selectividad podríamos decir sobre las arterias del pene, es así como nacen estas drogas que tanto bien le han hecho a la humanidad pues como ya dijimos la disfunción eréctil es muy común pero se oculta por todos esos tabúes que como hombres tenemos respecto de nuestra sexualidad y volviendo a la DE, causada por la hipertensión arterial otro fenómeno de la misma es que el tratamiento de ella una vez establecido, hace que todas la arterias del cuerpo se relajen pero al mismo tiempo lo hagan también las venas y de esta manera a nivel del pene si bien las arterias ahora llevan más sangre, la misma retorna por las venas y de esta manera no es posible la erección y nuevamente parece que los medicamentos para la impotencia sexual no afectan la contracción de las venas del pene con lo que si pueden almacenar sangre en él produciéndose la erección.

LA ARTERIOESCLEROSIS. Este es un proceso degenerativo propio de la edad pues como sabemos al paso del tiempo todas nuestras funciones decaen y la función arterial no puede escapar a esta condición, ocurriendo en este caso que las arterias se hacen duras o rígidas a medida que nuestra edad avanza, esto condiciona que no respondan al estímulo que las hace relajarse y así aumentar su calibre elevando el flujo de sangre que pasa por ellas, si recordamos que es esta relajación arterial lo que se requiere para llevar más sangre al pene, es fácil suponer que al no relajarse adecuadamente las arterias del pene el flujo de sangre no podrá incrementarse y el pene no se llenara se sangre para erectarse.

Desgraciadamente todos los hombres padeceremos esta alteración al paso del tiempo pero debe ser en condiciones normales un proceso tardío es decir que esta alteración no debe prestarse antes de los 60 años de edad, pero como esta alteración va de la mano de la hipertensión arterial, vemos ahora que en hombres jóvenes ya se presenta y la repercusión es la misma sin importar la edad de inicio produciendo DE. Siendo en el hombre joven cada día más frecuente y más aún sin remedio pues al tratarse de un proceso degenerativo este no tienen un tratamiento efectivo, sino solo paliativos que retrasan su progresión pero sin revertirlo del todo, de manera que la DE causada por esta alteración de nuestras arterias solo se alivia temporalmente con los medicamentos que relajan las arterias del pene, requiriéndose la ingesta de estos fármacos cada vez que se desee una erección óptima.

LA ATEROESCLEROSIS. Situación similar ocurre con la ateroesclerosis aunque en este caso no es un deterioro producido por la edad sino una patología dada por el metabolismo anormal de las grasas las cuales al no ser metabolizadas adecuadamente se depositan en la capa interna de las arterias en forma de placas llamadas ateroma, que son solo depósitos de grasa mal empleada. Lo cual obstruye la luz de estos vasos con la consiguiente disminución del calibre de las mismas y por lo tanto del flujo de sangre que transportan. Dando como efecto el mismo que anotamos en la arterioesclerosis con la diferencia de que en esta patología si podemos intervenir y hacer mucho con la finalidad de disminuir este problema o remediarlo de raíz pues si sabemos que la razón de esta es el metabolismo anormal de las grasas la medida inmediata será modificar nuestra dieta de manera que ingiramos las grasas sanas o adecuadas para nuestro organismo y de esta manera corregir esas alteraciones que se presentan por el desbalance que ocurre entre las llamadas grasas buenas y grasas malas. Siendo en este caso el exceso de grasas malas o científicamente las famosas VLDL. Que quiere decir que están elevadas en nuestra sangre unas sustancias que conocemos como LIPOPROTEÍNAS DE MUY BAJA DENSIDAD. La cual es una característica física de las grasas que las hace muy adherentes a los tejidos y en este caso a la capa más interior de nuestras arterias por lo que se empiezan a depositar en ellas de manera gradual pero a la larga, al crecer estos depósitos el ateroma se hace mayor, esto hace más pequeño el calibre de las arterias donde se depositen obstruyendo su luz y con ello disminuyen el flujo de sangre hacia los tejidos irrigados por cada una de estas arterias y si nos referimos a la irrigación del pene es fácil suponer de qué manera afectara a este órgano la disminución en el aporte de sangre a este nivel. Con la diferencia de que si intervenimos a través de la dieta o con medicamentos que regulen éste desequilibrio en la cantidad de lípidos que normalmente debemos tener, la obstrucción arterial se resolverá pues será como si limpiáramos una tubería de los desechos que la obstruyen.

ALTO COLESTEROL. La hipercolesterolemia como se le conoce a los niveles elevados de colesterol en sangre es una patología frecuente en nuestra población dada por las alteraciones o mejor dicho por nuestros malos hábitos alimenticios. El colesterol es una sustancia de tipo lipídica, indispensable para la vida pues en nuestro organismo tiene funciones importantes e indispensables, pero obviamente como sucede con todos los compuestos, sustancias o elementos que tenemos, este debe mantenerse dentro de sus niveles normales, pues cuando el colesterol disminuye demasiado ocasiona problemas y lo mismo ocurre cuando se eleva por encima de su rango normal, situación semejante a la ocurrida en el comentario anterior pues todos estos compuestos forman parte de los lípidos o grasas que tenemos y debemos tener pero dentro de sus límites, relacionándose esta alteración con lo que ocurre con la ateroesclerosis pues prácticamente es lo mismo ya que todos los lípidos que tenemos tienen una proporción adecuada en situaciones normales siendo solo un desequilibrio en sus niveles lo que hace la diferencia entre estar sano y padecer enfermedades de este tipo.

LESIONES DE LA COLUMNA. Sabemos ya que los nervios juegan un papel importantísimo en los fenómenos que deben llevarse a cabo para producir una erección, de tal manera que si por alguna razón se produce una lesión en la columna vertebral, sitio del cual emergen estos nervios y la lesión a nivel de la columna vertebral afecta el área por donde salen los que van al pene es fácil deducir que se producirá una incapacidad para lograr una erección, dependiendo de la gravedad de esta será el pronóstico de la disfunción pero generalmente estas lesiones son de difícil manejo y por lo tanto en un caso como este sería muy difícil recuperar la erección.

Recordemos que la erección es un proceso que exige una integridad total de la función nerviosa lo mismo que de la hormonal y si cualquiera de estas es alterada, la erección puede desaparecer por completo, siendo esta una de las causas de impotencia sexual más serias cuando se presenta pues liberar los nervios involucrados no es tarea fácil y requiere procedimientos a veces muy agresivos como la cirugía de columna vertebral que por el solo hecho de ser una cirugía conlleva muchos riesgos, más tratándose de intervenir sobre estructuras tal delicadas como el sistema nervioso.

Desgraciadamente estas lesiones van en aumento pues todo lo que tiene que ver con el exceso de peso repercute de manera directa sobre la función de la columna vertebral dañándola poco a poco pero de manera progresiva hasta el punto de producir lesiones que comprometen seriamente la inervación principalmente a los miembros inferiores y los genitales.

LA ESCLEROSIS MÚLTIPLE. Alteración grave del sistema nervioso, que puede afectar diversas áreas del mismo derivando en una gran cantidad de síntomas y signos todo dependiendo del área afectada. Es una enfermedad de tipo autoinmune, es decir que se debe a un rechazo propio del organismo a sus propias estructuras, desconociéndose la causa de ésta de lo cual nace su falta de tratamiento pues al no saber cuál es la causa, menos sabemos cómo tratarla o curarla.

Esta enfermedad afecta todas las áreas del sistema nervioso central y periférico con especial predilección en la mayoría de los casos por lo nervios oculares y la medula espinal desde donde la afectación al pene es directa ocasionando impotencia sexual. Esta enfermedad se caracteriza por una deficiencia en la función de la cubierta normal de los nervios llamada VAINA DE MIELINA, la cual los aísla por así decirlo haciendo que todos conduzcan sus estímulos de manera adecuada, pero cuando aparece esta enfermedad esta vaina se pierde y la conducción nerviosa se altera en forma importante afectando las funciones que esos nervios hacían en situaciones normales. La variedad de síntomas es tan grande como función nerviosa tiene el cuerpo, es un padecimiento que continua siendo de etiología desconocida. Que cuando involucra los nervios que inervan el pene, la disfunción sexual será el resultado, siendo también de muy difícil manejo dado que la causa de esta enfermedad permanece sin conocerse y con ello sin tratamiento y ahora como ocurre con la mayoría de la patología crónico degenerativa actual también esta enfermedad va en aumento y cada vez son más los hombres afectados por esta enfermedad.

DEPRESIÓN. La gran simuladora, así llamada esta enfermedad porque aunque parezca extraño, puede presentarse como una persona alegre, risueña, locuaz y sin embargo estar deprimida (o), así que no nos dejemos llevar por las apariencias, aunque claro está, lo más común es que un hombre deprimido se encuentre triste, somnoliento, sin ilusión y sin esperanza.

Creo yo que junto con el estrés son estas las enfermedades de nuestro tiempo, pues como sabemos todo ha cambiado y en el caso de las enfermedades no puede ocurrir lo contrario de tal manera que si recordamos, hasta hace algún tiempo, las enfermedades que aquejaban al hombre eran las infecciones ya sea respiratorias o gastrointestinales, siendo una rareza las enfermedades crónico degenerativas, como la diabetes e hipertensión y nuestros antepasados morían de diarrea por ejemplo o tos que se complicaba con una neumonía en fin la causa de muerte era ese tipo de padecimientos pero ocurre que con el tiempo ahora vemos que ya casi nadie muere a causa de una diarrea o un problema infeccioso de los pulmones, siendo las causas de muerte actualmente la diabetes, la hipertensión, el cáncer y en la gente joven el suicidio.

La depresión, es causa frecuente de disfunción eréctil porque si ya sabemos que todo empieza a nivel cerebral con el deseo sexual, sucede que una persona deprimida no tiene ese deseo pues para ella todo es gris o negro, no puede experimentar la felicidad que da una relación sexual y esa falta de interés, felicidad, ilusión y de imaginación sencillamente no existe, por tal motivo su actividad sexual prácticamente desparece. El problema radica en que la depresión cada día aparece a menor edad e incluso se presenta desde la niñez, de tal modo que cuando esta enfermedad aparece en el hombre joven, lo preocupante de ésta es que genera un círculo vicioso formado por depresión,---- disfunción eréctil, ----más depresión,---- más disfunción y así indefinidamente hasta que de alguna manera lo rompamos, pues de no ser así este círculo no tendrá fin. La buena noticia es que actualmente existen fármacos potentes para tratar ambos problemas y solo es cuestión de encontrar al profesional adecuado para resolver tal vez definitivamente esta situación. Con la única condición de que este profesional verdaderamente sea un experto en el tema, pues no es lo mismo prescribir un antidepresivo para corregir la impotencia que un medicamento para la impotencia esperando remediar la depresión y por eso insisto en que este manejo debe ser dado por un profesional experto en este tema. Desgraciadamente la depresión no solo afecta la función sexual sino que afecta prácticamente todas las funciones del individuo tanto físicas como emocionales, sociales, familiares etc, de ahí la importancia de acudir solo con personal experto en caso de presentar esta alteración pues dejar que el tiempo pase en situaciones como esta siempre agravara el caso siendo cada vez más difícil su manejo a medida que la enfermedad progresa.

Otra de las enfermedades que causan DE son las. EMBOLIAS CEREBRALES. Específicamente hablando de alteraciones en la irrigación del sistema nervioso central, pues existen embolias a muchos niveles, algunas muy graves y otras leves, así tenemos que obviamente problemas de esta magnitud tienen como resultado agregado una disfunción eréctil grave, aunque si comparamos la gravedad de una embolia cerebral con la disfunción eréctil que pudiera estar causado, Habrá que tomar ambas en su justa dimensión, para esto tenemos que revisar varios factores como la edad, por ejemplo, ya que sería poco preocupante una disfunción eréctil en un hombre de 80 años de edad en el cual la función sexual ya es muy escasa si no es que ha desaparecido ya y sus prioridades son otras menos la potencia sexual, a lo que ocurriría si ésta se presenta en un varón de 40 años, en el que la función sexual es prioritaria, y no solo para el sino también para su pareja, situación en la que la impotencia sexual si es un verdadero problema, pues afecta demasiado su autoestima, y su estabilidad emocional de manera que es urgente atender y resolver este problema a la brevedad. Desgraciadamente lo que está sucediendo en nuestros días es que enfermedades como ésta aparecen a edades más tempranas y por eso ahora vemos hombres cuarentones con secuelas de enfermedades cerebrales de origen vascular, con secuelas a veces muy serias donde la disfunción eréctil es un verdadero problema pues por su edad ese hombre debería tener una actividad sexual intensa aun, lo mismo que su pareja lo que agrava aún más este problemas ya de por si serio, pues aunque la pareja entienda que su esposo es impotente por la enfermedad que padece no por ello dejara de ser una necesidad en ella la relación sexual y reprimirla solo afectara más su estabilidad emocional y psicológica, de ahí la importancia que tiene la aparición de impotencia sexual en casos de enfermedades de este tipo y la urgencia por remediarla de alguna manera.

CIRUGÍA DEL COLON. Aunque no es una patología común todavía. Es una de esas enfermedades que va en aumento y que requiere tratamiento quirúrgico. Me refiero al cáncer del colon, el cual lo mismo que el de próstata o mama es más frecuente a medida que el tiempo pasa y que se opera como una forma de tratamiento, el cual cuando es diagnosticado a tiempo, es decir en fases tempranas de la enfermedad tiene un pronóstico muy favorable, no así cuando la enfermedad ha avanzado y la cirugía ya no lo resuelve y en muchos casos ya ni esta opción es ofrecida al paciente dada la gravedad de algunos casos. Pero cuando es factible la intervención quirúrgica, debemos saber que esta tiene repercusiones a nivel sexual y una de ellas es la interferencia con la erección la cual resulta de la agresión a la inervación del pene que pasa por la región enferma en estos casos misma que es agredida o resecada y que por lo tanto secciona los nervios que van al órgano masculino con la consiguiente denervación del mismo y por lo tanto incapacidad para erectarse posteriormente.

Siendo muy pero de verdad muy difícil respetar esta inervación en cirugías de este tipo ya que lo que en esos momentos más interesa, (al médico y al paciente) es salvar la vida del sujeto y no el que tenga erecciones futuras normales, de tal manera que este dato que es minimizado en un principio, posteriormente es causa de muchos problemas de tipo sexual en la pareja y más si sucede a edades aun tempranas como desgraciadamente está ocurriendo pues se ha visto cada día más en hombres en la década de los 40 años, para los que aún queda la opción de usar medicamentos para la impotencia sexual pues se ha visto que estos fármacos logran erecciones óptimas aun en casos como estos, lo cual ha solucionado problemas graves de la relación de pareja pues las relaciones sexuales siempre serán una necesidad como ya vimos y se tendrá que satisfacer ésta lo más pronto posible.

CIRUGÍA DE LA PRÓSTATA. Sucede frecuentemente que los hombres tienen problemas con su próstata a temprana edad, digamos en la década de los 50's y en algunos casos incluso a edades menores, siendo uno de los tratamientos sugeridos por los profesionales en la gran mayoría de los casos la resección transuretral de la próstata, la cual se realiza con equipo de endoscopia y a través del pene, por el cual se introduce una "asa" metálica, la cual es calentada por la corriente eléctrica y de esta manera a través del pene, esta asa corta y al mismo tiempo cauteriza el tejido prostático que estamos resecando. Este procedimiento es el más socorrido en la actualidad para tratar los problemas de crecimiento prostático benigno pues lo que se requiere es liberar la zona por donde la uretra cruza la glándula prostática para que el flujo de orina sea lo más normal posible o por lo menos libere la obstrucción que está causando una próstata crecida y sucede que en estos procedimientos al hacerse por medio de un material a altas temperaturas al momento de hacer la resección del tejido prostático, si no es porque la resección sea demasiado agresiva y seccione también los nervios que van al pene, que avanzan adosados a la próstata, será porque el calor que desprende el asa de metal se transmite o se conduce a través de los tejidos y alcanza fácilmente los nervios del órgano masculino, lo que los daña seriamente sino es que los destruye de manera física por el calor. Dejando como secuela un pene sin inervación, por lo tanto sin manera de responder a los estímulos nerviosos que hacen o producen la erección, pero con el consuelo de que esta falta de erección, también responde a la terapia con fármacos para la impotencia sexual, como el viagra. Esto es en casos de patología prostática benigna ya que existen casos en los que la patología de esta glándula ya no es benigna y entonces hablaremos de un cáncer prostático cosa que cambia completamente el manejo y el pronóstico de un hombre afectado por un padecimiento de tipo maligno, asunto que tratare más adelante.

TABACO. El tabaco es un producto que a su vez contiene una gran cantidad de sustancias en su composición pero cuyo principal componente activo es la nicotina, sustancia que como efecto primordial tiene, ser un potente vasoconstrictor, es decir, que esta sustancia hace que las arterias de todo el cuerpo se contraigan, con ello disminuyan su calibre y como resultado disminuya también el flujo de sangre que estas aportan, si ya sabemos que el pene requiere sangre en abundancia para la erección la cual le llega gracias a la vasodilatación que producen los nervios y las hormonas en las arterias que lo irrigan, es fácil deducir que esta sustancia impedirá a la larga este efecto, pues ésta vasoconstricción que aparece al fumar es temporal o dura mientras el efecto de la nicotina este presente, pero lo que ocurre con este vicio es que al hacerse más frecuente la acción de fumar, la vasoconstricción arterial es casi permanente, eso hace que los mecanismos reguladores de la presión arterial poco a poco mantengan como normal cifras de tensión arterial por arriba del rango y ahora aparezca hipertensión arterial causada por el tabaquismo, con la vasoconstricción permanente de las arterias misma que no responde adecuadamente a los estímulos erectores que requieren el efecto contrario. (Es decir vasodilatación) para llevar a cabo una erección satisfactoria.

Esta es la razón por la que fumar produce impotencia sexual y aunque esta es reversible si se deja de fumar, obviamente antes de que cause hipertensión arterial pues una vez apareciendo esta como sabemos solo será controlable pero ya no revertirá el proceso completamente. En etapas iniciales del tabaquismo la erección puede volver a aparecer si se deja de fumar pues como droga, la nicotina se elimina principalmente por el pulmón perdiéndose así su efecto y apareciendo nuevamente la potencia sexual y eso sin que comentemos en este momento lo que ocurre cuando el hábito de fumar es ahora de tabaco mentolado pues en este caso ahora al efecto de la nicotina debemos agregar el efecto del mentol el cual se asocia con impotencia sexual y esterilidad. Pero de ello hablaremos más adelante.

EL ALCOHOL. El alcohol es una droga con efecto depresor dosis dependiente, es decir, que a poca dosis su efecto depresor es escaso tanto que se dice que en dosis pequeñas es estimulante hablando de la potencia sexual. Esto se debe a que la depresión causada por el alcohol es descendente, es decir que primeramente deprime las funciones más superiores del cerebro, como son las de la corteza cerebral y posteriormente las más profundas llegando incluso a deprimir las funciones del centro respiratorio lo cual es la causa de muerte que se presenta en la intoxicación alcohólica, pero hablando específicamente de potencia sexual lo que ocurre es que el alcohol en esta etapa deprime las represiones que el individuo tiene o pueda tener respecto del sexo de manera consciente dejando en libertad las emociones o funciones un poco más profundas siendo una de ellas la libido, por lo que en este caso aparece el deseo de una manera digámoslo así más desenfrenada o intensa contribuyendo esto a una potencia sexual mayor de la habitual para esta persona, es decir que si un hombre tiene reprimidos sus deseos sexuales de manera consciente al deprimir esta función con un poco de alcohol, estos afloraran sin problema dando como resultado una excitación más rápida y potente y a esto se debe la idea de que el alcohol eleva la potencia sexual cosa que no es así como acabamos de ver pues a dosis altas el efecto depresor es intenso y produce impotencia, ya que ahora este fármaco bloquea los estímulos nerviosos a niveles más profundos del cerebro afectando la estimulación sexual con lo cual interfiere con la secuencia de estímulos necesarios para llevar a cabo la erección, traduciéndose como impotencia sexual y si como efecto depresor a nivel cerebral es causante de impotencia sexual a la larga esta droga tiene efectos de tipo metabólico ya que por su metabolismo, tiene afectación a nivel hepático, sitio donde se procesan prácticamente todas las sustancias, siendo una de ellas las hormonas sexuales, de tal manera que esta droga afectara el metabolismo normal de muchas de ellas dentro de las cuales estará también la testosterona razón por la cual en etapas avanzadas del alcoholismo aparece impotencia sexual porque ahora la testosterona ya no se metaboliza de manera normal interfiriendo con la libido del varón alcohólico pues como sabemos la testosterona es la hormona de la libido y al no existir o ser sus niveles mínimos la libido también será mínima o habrá desaparecido y con ella la erección traduciéndose como impotencia sexual.

ANSIEDAD. La ansiedad va de la mano de la impotencia, pues es casi una condición ya que la ansiedad interfiere con la potencia sexual de manera neural. La ansiedad ocasiona impotencia sexual por el simple hecho de que el temor a fallar hace precisamente eso, fallar y una vez que ocurre esto aparece la ansiedad y cada vez será más común y después ya una condición, y mientras no resolvamos la ansiedad en el paciente jamás resolveremos su impotencia. Este problema es más psicológico que orgánico por lo que el manejo adecuado de él será la entrevista con el psicólogo y las sesiones que se requieran será la condición para resolver este problema, el cual también es urgente resolver pues sabemos que si una vez ocurre algo que impida una erección, lo más probable será que la siguiente vez se resuelva y no suceda mayor cosa no así cuando esta situación se repite pues la frecuencia con que ocurra hará que se haga permanente y por lo tanto de más difícil manejo, de ahí la urgencia por tratar este problema lo más pronto posible y aparezca una impotencia sexual grave pues ahora se ha producido un círculo vicioso formado por. – Ansiedad---impotencia sexual--- más ansiedad---- más impotencia sexual------más ansiedad – y así sucesivamente. En este caso los medicamentos que combaten esta condición es decir los ansiolíticos no son la solución y si por el contrario lo agravan pues todos estos fármacos tienen la característica de deprimir las funciones del sistema nervioso central con lo que bloquean los impulsos necesarios para llevar a cabo una erección, así que si usted padece esta condición lo que menos debe hacer es auto medicarse fármacos de este tipo. Afortunadamente ahora este problema se ha minimizado o ya no ocurre pues estos medicamentos requieren receta médica para poder comprarlos.

ESTRÉS. El estrés está formado por todas las manifestaciones que se presentan como respuesta a las agresiones del medio ambiente en el cual vivimos, por lo tanto la reacción de estrés es un fenómeno en su origen normal. Pues sin estas reacciones estaríamos indefensos ante la multitud de agresiones que recibimos a diario y solo a manera de ejemplo, para darme a entender en este tema por demás interesante, quiero mostrarles lo que ocurre cuando nos sometemos a una situación de peligro, la respuesta normal es la reacción de estrés el cual se manifestara por: elevación de la presión arterial para activar todo nuestro cuerpo, aumenta la fuerza contráctil del corazón para enviar más sangre a todo el cuerpo, aumenta la frecuencia respiratoria para ingresar más oxígeno a nuestro cuerpo, se liberan hormonas como la adrenalina, la noradrenalina, el cortisol y muchas otras más para hacer que todo nuestro organismo se active y pueda repeler el peligro, se eleva la cantidad de glucosa (azúcar) en sangre para aportar a todos los tejidos más del nutriente que necesite para responder a la agresión y así puedo mencionar muchas otras manifestaciones del estrés. Pero con estas me basta para explicarles por qué el estrés llega a producir impotencia sexual. Como he mencionado, al elevarse la presión arterial lo que realmente está ocurriendo es una vasoconstricción de las arterias y las del pene son de las más afectadas por esta vasoconstricción pues en casos de peligro lo que menos necesitamos será una erección no cree usted? de tal manera que esta vasoconstricción impide el llenado del órgano masculino y aunque el corazón bombea más sangre esta no llega al pene pues sus arterias están contraídas y en cambio se dirige a tejidos como los músculos donde si requieren nutrientes para pelear o para correr según el caso y por eso es que a un hombre que corre bajo estrés ni el policía lo podrá alcanzar a menos que el policía también este estresado, las hormonas adrenalina y noradrenalina son las causantes de esta vasoconstricción, además de que el estrés bloquea la liberación de testosterona, a eso se debe que en situaciones de peligro lo que menos deseamos sea tener relaciones sexuales, además el flujo sanguíneo en el cerebro se dirige a las áreas que en ese momento necesitan estar más activas como el área motriz y la del raciocinio, una para defenderse o huir y la otra para analizar en fracciones de segundo la respuesta más adecuada a cada situación de este tipo y si bien todas estas reacciones son normales y propias del organismo se preguntara usted cómo es que el estrés llega a causar tantos problemas, pues la respuesta es que mientras esta respuesta sea esporádica, será benéfica, no así cuando esta reacción se hace frecuente o incluso permanente pues en estos casos lo que ocurre es que todos estos fenómenos que anotamos ya no ceden y ahora imagine usted que ocurrirá con la erección si el hombre se encuentra siempre estresado. Simple y sencillamente no habrá erecciones y al no haber erección su actividad sexual se va prácticamente a la basura y se inicia un círculo vicioso formado por estrés—impotencia.—más estrés.—más impotencia y así sucesivamente hasta que se tomen cartas en el asunto de manera adecuada pues estas situaciones no son fáciles de corregir por todas las manifestaciones que acarrea una reacción de éstas.

Desgraciadamente ésta alteración es cada día más frecuente y por lo tanto cada día genera más y más problemas de todo tipo siendo creo yo el problema número uno de nuestra sociedad y del hombre, en este caso es creo yo el principal causante de toda la patología que actualmente existe y que va en aumento pues el estrés afecta todos los órganos y todas las funciones, ocasionando una serie de problemas desde leves hasta graves, siendo la impotencia uno de ellos.

Todas estas enfermedades o alteraciones que acabamos de revisar ocasionan hasta el 90/100 de las DE en varones mayores de 40 años. Dejando un 10/100 a causas desconocidas, por lo que el tratamiento de la impotencia sexual generalmente es tratable farmacológicamente.

Por desgracia, ocurre que si bien la mayoría de las veces la causa de la DE es una enfermedad, sucede que al tratar estas patologías vemos que muchos de los medicamentos que usamos para estos tratamientos, causan como efecto secundario, es decir un efecto que no es el esperado o el efecto buscado al prescribirlos sino que se presenta como resultado de su ingesta, son causa de impotencia sexual, en muchos casos dado por la respuesta propia del individuo y en otros por la cantidad de fármaco ingerida o por las combinaciones que hacemos o el paciente hace de ellos. Por lo que voy a tocar este tema tratando de revisar los medicamentos más comunes que tienen este efecto, a los que se les ha culpado de producir impotencia sexual, con la observación para consuelo de muchos pacientes que la mayoría de ellos causan este problema solo mientras se ingieren, desapareciendo una vez que se suspenden o se ajustan las dosis, cuando a pesar de todo deban seguirse tomando, siendo muy raros los casos en los que aún una vez suspendidos la impotencia persiste y por esta razón creo importante tocar los medicamentos más comunes que causan impotencia sexual pues si esta es la causa el remedio está a la vista.

MEDICAMENTOS CAUSANTES DE IMPOTENCIA SEXUAL

LOS ANTIDEPRESIVOS, desde los más antiguos, como la imipramina y la nortriptilina hasta los más nuevos como la mirtazepina y la tianeptina, sin olvidar que entre ellos hay más de 50 sales farmacológicas para tratar la depresión. Son causa frecuente de impotencia sexual y entre todos ellos solo unos cuantos no la afectan e incluso también los hay que estimulan la libido al aumentar la síntesis de testosterona o su liberación y otros que favorecen la liberación de hormonas que tiene cierta influencia sobre la libido. Todos ellos actúan a través de alterar la síntesis y/o liberación de sustancias llamadas neurotransmisores que son sustancias que como su nombre lo indica favorecen o bloquean la transmisión de estímulos de diverso tipo, como resultado de ello estimulan o bloquean diferentes funciones del sistema nervioso central.

Todos estos fármacos tienen la característica que cuando se inicia su ingesta tienen efecto sedante disminuyendo con esto las funciones cerebrales, con ello las funciones corporales a todo nivel siendo una de ellas la libido por lo que aparece impotencia sexual, posteriormente por sus efectos metabólicos propiamente dichos, de los cuales lo que nos interesa en este caso es la alteración producida a nivel de la síntesis y liberación de testosterona.

Desgraciadamente al ser una patología frecuente en el varón adulto en plena actividad laboral, son fármacos que se prescriben cada día más y con ello la causa cada vez más común de impotencia sexual. De ahí la importancia de evitar la depresión, si esto no es posible, lo mejor será buscar formas alternativas de tratarla pues el tratamiento farmacológico de ésta inevitablemente se acompañara de efectos en ocasiones muy desagradables como éste. Aunque como ya anote ante, si bien la depresión es causa de impotencia sexual, la impotencia sexual es al mismo tiempo causa de depresión y el círculo vicioso que se forma en estos casos es el verdadero problema que hay que resolver.

LOS SEDANTES. Todos ellos, desde el diazepan famoso hasta el midazolam actualmente muy prescrito, deprimen la función general del sistema nervioso central, de esta manera deprimen también la función nerviosa que lleva los impulsos sexuales ya sean estos de estimulación o de respuesta a estos estímulos, pues al estar deprimida la transmisión de los impulsos nerviosos lo que ocurre es que la respuesta no se presenta y si hablamos de los estímulos necesarios para que ocurra una erección, ésta no aparece, porque los estímulos excitadores se encuentran bloqueados. Todos los sedantes son depresores en general y así deprimen la función sexual dosis dependientes es decir que a mayores dosis de fármacos sedantes mayor impotencia sexual, de ahí la importancia de que estos medicamentos si deben ser ingeridos por algún paciente, deban ser prescritos por expertos, recalcando siempre como uno de sus principales efectos secundarios la impotencia sexual de manera que el paciente lo sepa y maneje lo mejor posible la aparición de esta en caso de ocurrir.

LOS ANTIHISTAMINICOS. (clorfeniramina, ranitidina, cimetidina etc.) Estos fármacos son de uso muy común, abuzando en muchos casos de ello los enfermos pues son usados para tratar las alergias comunes y la gastritis y de ahí la gran cantidad de pacientes que los consumen, sin saber que estos pueden ser la causa de la impotencia que padecen o contribuyen a que su desempeño sexual valla menguando. Estos medicamentos actúan a través de impedir la liberación de una hormona llamada histamina, la cual tiene múltiples funciones siendo una de ellas la vasodilatación de las arterias en todos los tejidos del cuerpo y de esta manera interfiere con la vasodilatación que ya sabemos se requiere para una buena erección y aunque la histamina no es el principal mediador de la respuesta vasodilatadora necesaria para la erección, su ausencia si afecta la erección pues es un mediador químico de la función de las arterias. De estos fármacos los que más se relacionan con la aparición de impotencia sexual son los que se usan en el tratamiento de la gastritis pues su ingesta normalmente será por tiempo prolongado de meses a incluso años, con la consecuente acumulación de fármacos de este tipo en el organismo y la aparición de efectos secundarios a veces serios.

LOS ANTIHIPERTENSIVOS, medicamentos de uso común dada la gran cantidad se enfermos de hipertensión arterial que actualmente existen, de esos solo mencionare los más comunes en el tratamiento de la hipertensión arterial dado que la gran mayoría de pacientes que ingieren estos fármacos desconocen su potencial efectos de causar impotencia sexual y en muchos casos aun a sabiendas de ello, estos medicamentos deben ser ingeridos dadas las cifras de presión arterial que el enfermo maneja o la resistencia en algunos casos de esta enfermedad a responder a los tratamientos habituales, situación que nos hace recurrir al uso de medicamentos cada vez más potentes pero con efectos secundarios también más severos.

CAPTOPRIL, LISINOPRIL, ENALAPRIL etc. Son medicamentos todos estos que bloquean la formación de una sustancia llamada (angiotensina II) que tiene el efecto de contraer las arterias de todo el cuerpo y de esta manera elevar la presión arterial cuando se requiere, siendo la causa de que la presión arterial se mantenga elevada cuando aparece la enfermedad pues ahora se produce de manera constante y su efecto es sostenido, a ello se debe que la presión arterial una vez que aparece solo podamos controlarla pero ya sin curarla pues esta y otras sustancias se mantienen elevadas y siempre estarán presentes perpetuando su acción vasoconstrictora en las arterias con la consecuente presión arterial elevada de manera constante, de manera tal que si estos fármacos bloquean su síntesis, de esta manera harán que las arterias se relajen y la presión arterial baje. Pero resulta que esta vasodilatación no es importante a nivel del pene y sí en el resto del cuerpo sucediendo que al distribuirse la sangre a todo el cuerpo donde sí se han dilatado las arterias deja sin aporte sanguíneo suficiente al pene con lo que nunca se llenara de sangre como es necesario para la erección. Estos medicamentos actúan directamente en el sitio en que una enzima especial da origen a la formación de esta sustancia llamada específicamente (angiotensina II) como son los pulmones pues es allí donde existe esta enzima llamada. (enzima convertidora de angiotensina) siendo el mecanismo completo para este efecto, el siguiente: todos (hombres y mujeres) sintetizamos en el hígado un sustancia llamada, "sustrato de renina" el cual una vez liberado al plasma sanguíneo es afectado por la renina (hormona sintetizada y liberada por los riñones.) la cual convierte este sustrato en un sustancia llamada "angiotensina 1" la cual tienen ligeros efectos vasoconstrictores, así circula por el organismo hasta que llega a los pulmones donde se pone en contacto con la enzima convertidora de angiotensina la cual la convierte en la sustancia llamada angiotensina 2, misma que tiene efectos vasoconstrictores muy potentes, siendo ésta la causa más común de hipertensión arterial. Todos estos medicamentos actúan bloqueando la acción de la enzima convertidora, sobre la angiotensina 1 y solo difieren entre ellos en cuanto a su duración de acción pues el captopril que es el medicamento más antiguo de este tipo tienen una duración de acción de 6 a 8 hrs. por lo que su ingesta con fines terapéuticos debe ser cada 8 hrs. y en cambio los medicamentos más recientes de este tipo como el lisinopril tiene una duración de acción de hasta 24 hrs. por lo que se requiere de una sola toma al día.

CLOROTIAZIDA. E HIDROCLOROTIACIDA. EstOS fármacos estimulan la formación de orina a nivel renal pero se metabolizan en el hígado, donde también se metaboliza la testosterona interfiriendo con el metabolismo de esta hormona, de esta manera afectan sus niveles los cuales empiezan a disminuir paulatinamente hasta que afectan la libido del varón, con ello aparece disfunción sexual. Se usan en el tratamiento de la hipertensión arterial porque al estimular la formación de orina lo que al final de cuentas eliminara del cuerpo será parte de los líquidos corporales de los que se forma la sangre y si esta disminuye también lo hará la presión arterial, pues es ella la que llena las arterias, con ello transmite la presión que le da la fuerza de contracción del corazón a todo el sistema circulatorio arterial. Son medicamentos que al estimular la formación de orina eliminan con ello gran cantidad de sodio, el cual es un elemento que tiene la propiedad de atraer agua, por ello si lo eliminamos del cuerpo ya no retendremos tanta agua como cuando se encontraba elevado y paulatinamente la cantidad de sangre circulante será menor y así ayudaran a controlar la hipertensión arterial.

Recuerde usted que a todos los pacientes hipertensos se les recomienda siempre disminuir y si es posible eliminar el sodio de la dieta. (La famosa sal de mesa o de cocina para el caso es lo mismo), pues es el elemento sodio el causante de esta retención de líquidos, además de este efecto todos los medicamentos que estimulan la diuresis, es decir la formación de orina, no solo eliminan agua sino que con ella se pierden también muchas otras sustancias de las que nos interesan en este caso los demás electrolitos, como el calcio, y el potasio sustancias todas ellas necesarias para una adecuada función no solo muscular sino celular de todo tipo con lo que la función sexual al ser tan compleja resulta afectada manifestándose esta afectación como impotencia sexual.

CLORTALIDONA. Es un medicamento que al igual que el anterior, favorece la formación de orina, con ello disminuye el volumen sanguíneo y de ahí la presión arterial, al igual que los dos medicamentos anteriores, también elimina sodio del cuerpo, lo mismo que las otras sustancias siendo su efecto similar a la anterior.

CLONIDINA. Medicamento de introducción relativamente reciente en el manejo de la hipertensión arterial es un fármaco llamado "alfa 2 agonista" por su mecanismo de acción, lo que quiere decir que existen sitios específicos donde lleva acabo su acción que es simular la acción de sustancias neurotransmisoras propias del cuerpo con la intención de bloquear la conducción de impulsos nerviosos en esos sitios específicos los cuales se relacionan con funciones específicas, siendo una de ellas la transmisión de los estímulos dolorosos por ejemplo pero por otra también son las vías por las cuales se conducen los estimulo sexuales. Por lo que su uso tiene como efecto secundario la aparición de impotencia sexual, pues al bloquear la propagación de los estímulos sexuales simple y sencillamente estos no llegan al cerebro, por lo tanto no habrá deseo que como ya vimos es la primera fase de las que se requieren para que la excitación sexual aparezca y se produzca la erección.

FUROSEMIDA. Este es un medicamento llamado diurético. Pues su efecto principal es estimular la producción y eliminación de orina por parte de los riñones y de esta manera disminuir la presión arterial, desgraciadamente este medicamento también se ha asociado con la aparición de impotencia en pacientes bajo este tratamiento. Situación que se debe a la pérdida de electrolitos que ocasiona al perderse líquidos corporales. Es uno de los diuréticos más potentes por lo que se usa mucho en pacientes con retención de líquidos, pero con la observación de que al aumentar la perdida de líquidos corporales también aumenta la de electrolitos, de estos el más importante tal vez sea el potasio, el cual es indispensable para el buen funcionamiento de todas las células, cuya disminución es la causa entre otras de calambres intensos que requieren de este elemento para resolverse. Afectando así la función motora principalmente y con ello interferir con la erección, dando como resultado impotencia sexual.

HIDRALACINA. Este fármaco baja la presión arterial porque bloquea la acción de determinadas sustancias en sitios específicos localizados en las arterias pequeñas de todo el cuerpo, donde su efecto consiste en evitar que las arterias se contraigan ante los estímulos que las hacen contraerse o dilatarse cuando ya se encuentran contraídos por alguna causa, de esta manera disminuye la presión arterial, en especial impide la acción de la noradrenalina, sustancia con potente efecto vasoconstrictor a nivel arterial, de ahí que en presencia de este medicamento las arterias no responden al estímulo vasoconstrictor de esta hormona y por lo tanto se producirá una vasodilatación arterial general bajando la presión arterial por este mecanismo y a nivel sexual lo que sucede es que al irrigarse todos los tejidos por efecto de la hidralacina, la cantidad de sangre se distribuye en esos tejidos siendo insuficiente para llenar el pene y producir una erección. Pues a manera de broma les diré que ("SE DICE QUE TANTO EL PENE COMO EL CEREBRO DEL VARÓN NECESITAN MUCHA SANGRE PARA FUNCIONAR PERO DESGRACIADAMENTE AL HOMBRE SOLO LE ALCANZA PARA IRRIGAR COMPLETAMENTE UNO DE ELLOS LA VEZ), por esta causa se dice que cuando el pene se erecta la conciencia se pierde pues se queda sin sangre nuestro cerebro y no entendemos razones, no analizamos nada, no medimos consecuencias en fin, podemos decir que actuamos sin cerebro en estos casos, esto es solo un decir, pues la mejor opinión al respecto obviamente es la suya.

LABETALOL, METOPROLOL, PROPANOLOL, Y ESMOLOL. Son medicamentos es conocidos en medicina como bloqueadores "Beta" lo que quiere decir que su efecto es impedir la acción de determinadas sustancias en sitios específicos de cuerpo conocidos como receptores "BETA". Bloqueando así los efectos de las sustancias que actúan a este nivel, en este caso, estos medicamentos son empleados en el manejo de la hipertensión arterial debido a que tienen efecto directo sobre el corazón donde existen receptores de este tipo siendo el efecto de estos medicamentos a este nivel el de hacer que el corazón se contraiga más lentamente y con menos potencia, disminuyendo así la presión arterial pero, refiriéndome específicamente a lo que ocurre con la función sexual veremos que el efecto vasodilatador que debe presentarse en las arterias del pene para que éste se llene de sangre, es mediado por el estímulo de estos receptores pues la acción sobre ellos es la que hace que las arterias se dilaten de manera que si estos receptores están bloqueados por estos medicamentos. Las sustancias que en situaciones normales causarían vasodilatación ahora no la pueden producir y con ello hacen imposible la erección, al mismo tiempo, la menor potencia que ahora tiene el corazón se transmite también a la potencia sexual apareciendo la impotencia sexual como efecto secundario de este tipo de fármacos.

METÍL DOPA. Medicamento actualmente poco usado para bajar la presión arterial pero que aún toman algunos pacientes sin saber que tiene como efecto secundario el de producir disfunción eréctil porque al disminuir la potencia del corazón disminuye también la potencia sexual además de que tiene un ligero efecto sedante, lo que contribuye a esta disminución de la actividad sexual ya que como vimos todo efecto que deprima la función cerebral afectará negativamente la potencia sexual, llámense sedantes, ansiolíticos, o cualquier fármaco que tenga el efecto de sedar al paciente o mejor dicho, deprimir la función cerebral.

NIFEDIPINA, DILTIAZEM, VERAPAMILO, AMLODIPINO Y NICARDIPINO. Son medicamentos llamados (bloqueadores de calcio) ya que impiden la acción del calcio, Elemento indispensable para la función muscular y nerviosa de todo el organismo, a través de este mecanismo disminuyen la fuerza de contracción del corazón y relajan la musculatura de las arterias, para así disminuir la presión arterial pero al mismo tiempo afectan la potencia sexual pues al interferir con la función del calcio, lo que pasa es lo siguiente: el calcio es un elemento indispensable para la función contráctil del musculo llámese musculo voluntario, involuntario o cardiaco, por lo que su función es necesaria a todo nivel pues en todos ellos se emplea el calcio para activar esta función. Así tenemos que cuando se ingiere este medicamento la actividad muscular en general se encuentra deprimida, a ello se debe que la función de arterias y venas a nivel del pene no sea la adecuada y cause disfunción sexual, semejando lo que ocurre cuando la inervación del pene es abolida pues lo que hace el calcio es activar la función muscular en general.

PRAZOSIN. También es un fármaco antihipertensivo que disminuye la presión arterial porque relaja las arterias pero afecta igualmente de forma negativa la potencia sexual, pues es un fármaco que causa una vasodilatación generalizada y que abarca tanto arterias como venas de manera que las venas del pene son incapaces de contraerse cuando se requiere de una erección permitiendo así el retorno de sangre a la circulación general impidiendo la erección, pues como ya vimos la erección se debe a que la sangre se acumula en el pene y si las venas no se contraen o están dilatadas siempre, la sangre no podrá acumularse en este órgano apareciendo la impotencia sexual, afortunadamente este medicamento se usa solo en casos de eventos hipertensivos graves y por ello no es de uso tan común como los anteriores.

ESPIRONOLACTONA. Es un medicamento que estimula la formación y eliminación de orina, con ello disminuye el volumen sanguíneo circulante y a través de este mecanismo disminuye la presión arterial y de igual manera la potencia sexual pues causa también perdida de líquidos corporales y de electrolitos con ello. Solo difiere de los otros diuréticos en que este medicamento impide que el cuerpo elimine potasio por lo que conserva este elemento en el cuerpo, con ello no existe deficiencia de potasio y por lo tanto evita a la aparición de calambres por esta causa.

FARMACOS ANTIPARKINSONIANOS. La enfermedad de Párkinson es una alteración en la función motora del sistema nervioso central que se caracteriza por la presencia de movimientos finos en un principio que afecta todos los músculos del cuerpo, la cual evoluciona con el tiempo afectando cada vez más áreas del cuerpo, haciéndose más intensos los movimientos hasta el punto de ser una enfermedad invalidante debido al descontrol en los movimientos de todo tipo. Todos los medicamentos empleados en medicina para tratar esta enfermedad tienen la propiedad de causar como efecto secundario impotencia sexual ya que su acción es bloquear diversos vías de estimulación para aliviar esta enfermedad, ya que la alteración en esta patología se presenta a nivel de las vías de estimulación motora situadas en la base del cráneo, estos fármacos al bloquear estas vías de conducción, como sucede con casi todos los medicamentos, no tienen una especificidad de acción y dentro de ellas está el que aparte de bloquear estas vías de conducción también bloquean otras dentro de las cuales se encuentran las vías de conducción de los estímulos sexuales, las cuales también son bloqueadas, además de que como efecto agregado tienen la de producir sedación con lo que también disminuyen la actividad cerebral en general y con ello contribuyen a la producción de impotencia sexual. Por fortuna esta enfermedad afecta generalmente a personas mayores de 60 años en las que la actividad sexual ya no es una urgencia, o no es una prioridad y por esta razón tal vez sea más tolerable este efecto secundario si hablamos de la enfermedad de Parkinson en especial, ya que el deterioro de la función cerebral es generalizado y por si sola esta enfermedad afecta la actividad sexual.

HORMONALES ANTI ANDROGÉNICOS. Si sabemos que la testosterona es la hormona masculina por excelencia, que es la encargada de la libido en el varón principalmente, es fácil suponer que cualquier sustancia que interfiera con su acción principal o que bloquee su efecto tendrá como consecuencia la disminución o pérdida de la función sexual dando como resultado impotencia sexual. Este fenómeno se observa fácilmente en todos los pacientes bajo tratamiento hormonal para el cáncer de próstata por ejemplo ya que en estos enfermos se debe impedir la acción de la testosterona a toda costa y por eso es que como tratamiento de este cáncer se indica la extirpación de los testículos pues son ellos los principales productores de testosterona, aun así se indica como complemento del tratamiento la ingesta de sustancias anti androgénicas pues recuerde usted que aparte de los testículos esta hormona también se produce en las glándulas suprarrenales las cuales no se extirpan y siguen produciendo testosterona aunque en menor cantidad que los testículos, aun así esta pequeña cantidad de hormona masculina debe ser bloqueada en casos como este, a ello se debe la presencia de impotencia sexual que presentan estos enfermos. Pues ya sea que se bloquee la función de la testosterona con fármacos específicos para bloquear su acción como el finasteride y sus semejantes o con estrógenos que no son más que las hormonas femeninas, el resultado será el mismo pues lo que sucederá es que la testosterona ahora no ejercerá su acción principal que es despertar la libido y con ello lo que aparecerá será impotencia sexual.

ESTRÓGENOS. Estas son las hormonas típicamente femeninas producidas en gran cantidad en los ovarios de la mujer y en escasa cantidad en las glándulas suprarrenales de hombres y mujeres con efectos sistémicos en ambos sexos pero de predominio en la mujer de tal manera que su efecto es típicamente feminizante, se puede decir que sus efectos se oponen a los efectos de la testosterona. Por lo que si algún varón usa o tiene que usar éstas hormona tendrá como consecuencia disfunción sexual invariablemente pues los estrógenos ejercerán su efecto netamente feminizante, contrario por supuesto al de la testosterona.

ANTIMICÓTICOS. KETOCONAZOL. Medicamento de uso frecuente para tratar algunos problemas de micosis. Pero que por su metabolismo, éste fármaco al ser metabolizado en el hígado, tiene la propiedad de interferir con el metabolismo de la hormona testosterona, de esta manera afecta sus niveles y con ello sus efectos por lo que como efecto secundario este medicamento causa también impotencia sexual. Es un medicamento usado para resolver problemas de micosis superficiales y profundas, por esta razón es muy empleado a veces de manera indiscriminada, de ahí la importancia de saber que tiene este efecto secundario.

HIPOCOLESTEROLEMIANTES ORALES. CLOFIBRATO, BESAFIBRATO, ATORVASTATINA, ETC. Toda la gama de estos fármacos interfieren con el metabolismo de las grasas, como estas intervienen en la síntesis de las hormonas en este caso de la testosterona, es fácil suponer que cuando se emplean estos medicamentos para tratar problemas de hipercolesterolemia e hipertrigliceridemia, darán como efecto secundario disminución de la potencia sexual, pues también afectaran la síntesis de esta hormona además si recordamos, estas patologías requieren tratamientos de larga duración con lo que la cantidad de fármacos de este tipo que se administran es mayor y con ello más probable la afectación hacia la función sexual que nos ocupa. De ahí la importancia de manejar estas alteraciones por otros medios como la dieta pues de esta manera no afectaremos en nada el metabolismo hormonal y corregiremos de manera natural estas alteraciones.

DIGOXINA. Fármaco usado para reforzar la función cardiaca, se indica cuando el corazón presenta fallas de tipo insuficiencia cardiaca, para mejorar su función y hacerlo trabajar más eficientemente, pero al mismo tiempo este medicamento ocasiona impotencia sexual y desgraciadamente es prácticamente el medicamento de elección para patologías de este tipo, además de que los tratamientos para esta enfermedad son prácticamente de por vida. De ahí la importancia de saber que tiene este efecto aunque en los casos en que se emplea este fármaco, la enfermedad de fondo generalmente es grave y en estos casos habrá que valorar adecuadamente el riesgo beneficio que aporte el uso de la digoxina. Pues un paciente que requiere este medicamento generalmente es un paciente con un padecimiento grave en el cual la función sexual no será su prioridad sino conservar la vida, pasando a segundo término su vida sexual.

FURAZOLIDONA. Medicamento de uso común para tratar enfermedades gastrointestinales es un fármaco con propiedades antibacterianas pero que al mismo tiempo afecta la función sexual dando a la larga, impotencia sexual, aunque esto no es muy común dado que este medicamento rara vez se emplea por tiempo prolongado, aunque por otro lado está el que al ser un medicamento de venta libre y recomendación común es frecuente que los pacientes lo ingieran frecuentemente para resolver problemas leves del tubo digestivo por lo que si puede llegar a presentarse esta DE. Este medicamento impide la absorción de Zinc en el tubo digestivo y de esta manera influye en la disminución de testosterona con lo cual a la larga produce impotencia sexual, la cual afortunadamente es reversible pues una vez que este se suspende la ingesta de furazolidona, la absorción de Zinc vuelve a ser normal.

INDOMETACINA. Este es un medicamento antiinflamatorio que se emplea en muchos tipos de dolor e inflamación, que mucha gente usa de manera habitual pues al no ser controlado se vende libremente, esto hace que se use de manera habitual o indiscriminada a veces y con ello afecta la función sexual igual que los demás medicamentos que estoy mencionando. Es la indometacina un medicamento noble con muy pocos efectos secundarios, por eso es que los pacientes abuzan de él obviamente sin saber que afecta la función sexual de manera por demás importante.

METOCLOPRAMIDA, Este medicamento estimula la función motora del tubo digestivo, por ello se usa frecuentemente para tratar problemas comunes como el vómito principalmente y otras veces para digerir mejor, por ello hay personas que lo toman de manera habitual sin saber que también ocasiona impotencia sexual. Es usado también en casos de distención abdominal que frecuentemente aparece en enfermedades como la colitis, enfermedad cada día más común debido a los malos hábitos alimentarios que tenemos, que se acompaña casi siempre de indigestión y dolor abdominal. Razón por la que toman metoclopramida con los consecuentes efectos secundarios. Es un medicamento noble con pocos efectos adversos por lo que se recomienda frecuentemente además de que al ser de venta libre no requiere receta médica para ser adquirido y por ello ingerido en muchos casos para problemas simples. Causa impotencia sexual porque cuando se ingiere por tiempo prolongado impide la absorción de Zinc en el tubo digestivo como lo hace la furazolidona y con ello la síntesis de testosterona se ve alterada dando a la larga disminución de esta hormona con la consecuente impotencia sexual por falta de libido.

IBUPROFENO. Medicamento antiinflamatorio también de uso muy común por ser efectivo para aliviar el dolor y de venta libre, razón por la que también los pacientes abuzan de su ingesta y de esta manera llega a producir disfunción eréctil igual que los otros. Causada porque el metabolismo del ibuprofeno interfiere con el de la testosterona y de ahí su efecto secundario de dar impotencia sexual.

PSEUDOEFEDRINA. Afortunadamente este fármaco ya no es de venta libre como era antes, es decir que ahora para poder ser comprado por el paciente requiere forzosamente de receta médica. Por lo que su uso se ha controlado de un tiempo hacia acá. Es un medicamento muy efectivo para aliviar las molestias de la gripe, pues descongestiona de manera muy efectiva las fosas nasales, de esta manera alivia la sensación de nariz tapada, congestionada o mormada como comúnmente se llama este síntoma, la pseudoefedrina está considerada una droga por lo que ahora su indicación es restringida y requiere de un profesional médico para ser indicada en algún paciente en especial, lo que ha ayudado a disminuir la cantidad de gente adicta a estos medicamentos sin saber que como efecto secundario causa también impotencia sexual, la cual se debe a que este fármaco tiene como efecto principal dar vasoconstricción arterial de lo que se deriva su efecto para descongestionar la nariz pues esta congestión depende de la vasodilatación de las arterias nasales, de manera que al actuar la pseudoefedrina lo que sucede es que las arterias se contraen y desaparece la congestión nasal casi de inmediato pero al ser un vasoconstrictor, éste medicamento eleva la presión arterial del paciente llegando a ser causa de crisis hipertensivas en pacientes que no se sabían hipertensos o en los que sabiéndolo, no mantienen un control adecuado de la misma y por descuido ingieren este fármaco, una vez presentada una crisis hipertensiva la secuela puede ser demasiado grave. Este efecto vasoconstrictor es el causante de la impotencia que aparece como efecto secundario de su uso, pues al vaso constreñir las arterias del pene, impide el llenado de sangre requerido para la erección como hemos visto. Este medicamento tiene además un efecto estimulante directo del sistema nervioso central por lo que se ha empleado como una droga. Además de que este efecto de estimulación es la causa de la adicción a ella pues cuando este efecto aparece se debe a que el individuo libera sustancias neurotransmisoras que tienen diversos efectos predominando los efectos placenteros que causan la adicción.

NARCÓTICOS. Estos medicamentos son los analgésicos más potentes que se conocen, su efecto consiste en inducir un sueño parecido al fisiológico siempre con un efecto analgésico potente, todos son derivaros del opio siendo el primero de ellos en ser usado la morfina, la cual sigue empleándose en nuestros días sin perder sus efectos, además de ser la base de muchos de ellos de los que solo anotare los más comunes de manera que si alguno de ellos es ingerido por algún paciente sepa que pertenece a este grupo de fármacos y por lo tanto tiene como efecto secundario la aparición de impotencia sexual. Así tenemos además de la MORFINA, A LA HIDROMORFONA, LA MEPERIDINA, LA NALBUFINA, LA BUPRENORFINA, EL DEXTROPROPOXIFENO, EL FENTANYL. EL ALFENTANYL, EL REMIFENTANYL, LA CODEÍNA, LA HEROÍNA Y EL SUFENTANYL todos ellos son drogas muy adictivas pues su efecto es verdaderamente placentero, a lo que muchos de estos fármacos agregan efectos alucinógenos importantes, todos son analgésicos unos más que otros pero sin que este efecto desaparezca, todos ellos crean tolerancia, es decir que al paso del tiempo, las dosis que se requieren de cada uno de ellos para producir su efecto van siendo mayores y con ellos aparecen también efectos secundarios propios de sus acciones. Todos ellos son depresores del sistema nervioso central, de manera muy especial de la función respiratoria, es decir que bajo sus efectos el paciente deja de respirar porque simple y sencillamente se les olvida hacerlo, a menos que se le indique de manera verbal que lo haga siendo esta es la causa de muerte por intoxicación o aplicación de medicamentos de este tipo. Así resulta que todos los narcóticos causan impotencia sexual por sus efectos depresores a nivel cerebral además de que al producir efectos tan placenteros, desaparece la libido propia del individuo pues ahora la sensación de placer se logra solo con los efectos de estos medicamentos, pasando a segundo término el placer dado por la relación sexual.

Por sus propiedades adictivas tan potentes, su uso es muy pero muy restringido y su manejo muy vigilado y penado en caso de mal uso o abuso de ellos. Todos estos medicamentos quitan el dolor y prácticamente cualquier dolor por muy intenso que sea es aliviado completamente por este grupo de medicamentos.

Como inconveniente de su ingesta o consumo, podemos anotar que ocasionan nausea y vomito muy intenso en ocasiones tanto que el mismo enfermo decide no usarlos más por la intensidad de este síntoma pues es un vómito terrible que no cede con prácticamente nada. Aunque no son todos ellos los que dan este efecto si se presenta comúnmente. Siempre predominando sus efectos euforizantes y analgésicos por lo que se usan de manera habitual como analgésicos casi de uso exclusivo en anestesia y cirugía, y solo por periodos muy cortos de tiempo donde solo se emplean algunas dosis, de manera que no creen adicción ni tolerancia. Aunque son medicamentos muy económicos la limitante para conseguirlos es el control que existe sobre ellos, pues la receta necesaria para adquirirlos es muy especial y la cantidad que se puede surtir con ella es limitada.

ANTINEOPLÁSICOS. Son los medicamentos que empleamos para tratar problemas tan serios o graves como el cáncer. Estas drogas tienen un efecto muy potente a todo nivel pues su mecanismo acción no puede ser selectivo y afectan por esta razón a todos los tejidos empezando por los más activos es decir por los tejidos o las funciones que se desarrollan más rápidamente, a lo cual se debe que la persona que emplea o mejor dicho, necesita de estos medicamentos sufre casi de inmediato la pérdida del cabello pues este crece a diario y por eso es uno de los tejidos más rápidamente afectado al igual que la sangre la cual se repone en sus componentes de manera muy acelerada tanto como horas pues existen en ella células que se renuevan cada 10 horas en promedio, por lo tanto estas células son casi inmediatamente afectadas por medicamentos de ese tipo cuya acción es eliminar o matar células, de lo cual se deriva su utilidad en el tratamiento del cáncer pues recordemos que esta enfermedad no es más que el crecimiento acelerado de un tejido en especial o la reproducción descontrolada de las células de un tejido dado, por esta razón son empleados para tratar tumores malignos que se caracterizan por su crecimiento acelerado.

Ahora bien, explicando la impotencia que causan estos fármacos, la razón es que la actividad sexual del varón es una función diaria como ya vimos, que cada día se producen espermas y cada día se sintetiza y libera testosterona por los testículos. De manera que cuando se administran medicamentos antineoplásicos estos afectan de inmediato esta función y la producción de hormonas y espermas por los testículos se detiene con la consiguiente falta de libido y con ella la aparición de impotencia sexual, además de que en estos casos, dado por la gravedad del diagnóstico generalmente aparecerá depresión y con ella nuevamente impotencia sexual como también ya vimos, todas las drogas antineoplásicas son muy potentes y su acción es generalizada por lo que una de las funciones que afectan casi desde que se inicia su uso es la función sexual.

LOS RELAJANTES MUSCULARES. Este grupo de medicamentos se prescriben en casos de contractura muscular o aumento del tono muscular normal, en casos como la tensión muscular que aparece por estrés principalmente en los hombros, cuello y espalda, en todo caso en que exista rigidez o tensión muscular aumentada, siendo su efecto como su nombre lo indica, relajar la musculatura y así aliviar el dolor o la tensión que acompañan a esta contractura, pero al ser su efecto sistémico, cuando se emplean éstos medicamentos relajan efectivamente todos los músculos del organismo, así afectan también la musculatura de la arterias que van al pene y al mismo tiempo afectan el tono venoso del mismo de manera que la sangre no puede ser retenida en el órgano masculino, así dan como efecto secundario, Impotencia sexual, desafortunadamente esta contractura muscular es muy común y aunque afecta más a la mujer, principalmente por el trabajo que ellas hacen, también se ve en el varón en el cual se presenta por estrés más que por causa laboral siendo de cualquier manera necesario tratarla y se maneja por igual con este tipo de fármacos. De estos medicamentos tal vez el más usado sea el METOCABAMOL.

LA MARIHUANA. Es una droga potente que tiene como efecto (((desapegar))) a la persona de la realidad, es una droga sedante que deprime las funciones corporales y dentro de estas está también la libido. Al igual que las otras drogas de tipo depresoras su efecto depresor es dosis dependiente, con la diferencia que esta droga a la larga destruye la función cerebral e incluso la anatomía cerebral, pues destruye las células cerebrales y si sabemos que las neuronas no se reproducen, es fácil imaginar el daño que esta droga causara en el hombre o mujer adictos a la larga, pero refiriéndonos solo a la función sexual del varón debemos tener en cuenta que esta droga afecta directamente la sexualidad y con ello la masculinidad tan preciada por el hombre, la manera en que produce impotencia esta droga es que cuando se inicia su consumo el efecto depresor es intenso y con él la función sexual se deprime también por lo que desaparece el deseo sexual pues lo remplaza la sensación de placer que produce el consumo de mariguana, a la larga el efecto de destrucción celular acaba con muchas funciones cerebrales siendo una de ellas la libido pues como sabemos sin libido no existe erección, además de que al ser una droga adictiva, crea tolerancia y cada vez se requieren dosis mayores para conseguir su efecto apareciendo al mismo tiempo más efectos secundarios como la impotencia sexual que estamos tratando.

BARBITÚRICOS, estos medicamentos son los más efectivos para inducir el sueño, todos ellos son poderosos sedantes y ansiolíticos es decir que tranquilizan y eliminan la ansiedad, pero al ser sedantes lo que en último caso hacen es deprimir la función cerebral, de esta manera inducen el sueño de lo que se deriva su potencia para causar impotencia sexual pues al estar deprimido el sistema nervioso central todas las funciones corporales hacen lo mismo, así los estímulos sexuales pierden potencia y las respuestas a ellos disminuyen o desaparecen, son además fármacos susceptibles de adicción por lo que sus indicaciones son también muy precisas y su venta restringida. Desafortunadamente cada día se emplean más para tratar la ansiedad que padecen las personas a causa del estrés en el que viven, abusando de ellos pues una vez que el sueño normal desaparece o se tienen dificultades para conciliarlo o mantenerlo, en un intento por conciliar éste toman fármacos de este tipo sin saber que estos tienen la propiedad de causar tolerancia y dependencia haciéndose posteriormente adictos a ellos pues sin su efecto ahora menos concilian el sueño. Además debo agregar que el sueño inducido por los barbitúricos nó es un sueño reparador es decir que la persona que los ingiere, no descansa y por lo tanto al despertar su estado de ánimo no es el adecuado y sus respuestas no son normales, degenerando a veces en irritabilidad o agresividad razón por la que necesitan más medicamentos de este tipo y en dosis cada vez mayores con lo que cada día aparecen más efectos secundarios dentro de los cuales el que nos ocupa aquí es la impotencia sexual que causan.

ANFETAMINAS, estas son típicamente drogas muy potentes usadas de manera común para tratar el sobrepeso y la obesidad tan de moda en nuestros días. Pero con la propiedad de que causan disfunción eréctil todas ellas. Habrá que tener presente este efecto siempre que se indique un fármaco para el tratamiento del sobrepeso y la obesidad pues al ser estos los más potentes para este fin es común recetarlos para ello sin saber muchas veces que su efecto secundario es ocasionar impotencia sexual, la cual se debe en este caso a que su mecanismo de acción se centra en el sistema nervioso central donde bloquean determinadas áreas como el centro del apetito, por lo que quitan el hambre y con ello disminuye el aporte calórico al cuerpo y así el peso baja y la obesidad mejora pero solo de manera momentánea pues al dejar de ingerirlos el apetito retorna y con más fuerza razón por la cual los rebotes en el manejo de la obesidad de tipo farmacológico es común y nada aconsejable pues a la larga el resultado es peor, estos medicamentos siempre se ingieren en dosis mínimas cuando se inicia su uso y poco a poco se aumentan dado que causan tolerancia y posteriormente dependencia pues sin su efecto el apetito es intenso, ahora bien, habrá que saber que al bloquear el centro del apetito localizado en el hipotálamo también bloquean el área donde se genera el deseo sexual desapareciendo la libido y con él la erección con la consiguiente impotencia sexual y si no le advertimos al paciente la repercusión que esto puede ocasionar en su vida diaria puede ser incluso peor que la propia obesidad o sobrepeso pues la autoestima juega un papel importantísimo en cualquier enfermedad y más en casos como estos de lo que se deriva que el manejo debe ser muy especial y no solo limitarse a prescribir un fármaco potente pero con efectos secundarios tan importantes.

COCAÍNA, droga potente por excelencia y por lo mismo muy usada por hombres jóvenes y maduros. Es una causa demostrada de impotencia sexual, es además una sustancia demasiado adictiva por la sensación tan placentera que produce. Tanto que se dice que basta una sola toma para crear adicción y esto se ha visto más en mujeres jóvenes quienes llegan a comparar el efecto de una dosis de cocaína con el placer que sentirían al tener 10 orgasmos juntos. Este dato lo anoto solo para comparar la potencia de esta droga y para entender el porqué es que es tan adictiva y más en el caso de la mujer pues si sabemos que lo más común hablando de sexo en las mujeres es la falta de orgasmos o la dificultad para alcanzarlos en cada relación sexual, resultara más fácil entender esta adicción. Así vemos que un adicto en casos como este ya incluso no necesitara tener relaciones sexuales para experimentar un placer igual pues el efecto de la cocaína puede suplir al del orgasmo fisiológico. Pero aun así es necesario saber que la cocaína en cualquiera de sus variedades causa impotencia sexual e incluso podría usarse este efecto en la terapia de rescate de un adicto, al cual se le hará ver en estos casos que su potencia sexual retornara a sus niveles normales si supera esta adicción.

HEROÍNA. Droga potentísima con efectos más sedantes que estimulantes si la comparamos con la cocaína por ejemplo y de igual manera demasiado adictiva. Con un efecto potente de producir disfunción eréctil muy severa. Pero del cual el adicto no se quejara tal vez por lo mismo que anotamos hablando de la cocaína, es decir el placer que la heroína le produce suple las sensaciones tan agradables del orgasmo.

TABACO. El tabaco es una sustancia cuyo principal componente activo es la nicotina que como efecto primordial tiene el de ser un potente vasoconstrictor es decir que esta sustancia hace que las arterias de todo el cuerpo se contraigan y con ello disminuyan su calibre, con ello disminuya también el flujo de sangre que estas aportan, y si ya sabemos que el pene requiere sangre en abundancia para la erección es fácil deducir que esta sustancia impedirá a la larga este efecto. Esta es la razón por la que fumar produce impotencia aunque esta es reversible si se deja de fumar pues como droga se elimina principalmente por el pulmón perdiéndose así su efecto, apareciendo nuevamente la potencia sexual. Esto solo si este vicio no ha generado ya como enfermedad hipertensión arterial pues esta es una de las causas más comunes de esta patología y si esto ya ha ocurrido, el remedio para la DE que ha provocado ya no será solo dejar de fumar pues ahora existe un daño mayor, por lo tanto el tratamiento se complica demasiado, tanto así que ya solo buscaremos controlar las cifras de presión arterial pues esta enfermedad como sabemos no tiene un tratamiento definitivo o curación, sino solo control.

Como hemos visto, la presencia de DE, o impotencia sexual es causada por una multitud de factores todos ellos frecuentes y de pronóstico sombrío cuando aparece cualquiera de ellos, de manera que creo yo debemos abordar este tema desde otro punto de vista, que a mi parecer sería el más adecuado. Recordemos por favor y tengamos esto presente. Que lo más difícil es curar una disfunción eréctil, pero como ocurre con toda la patología del ser humano, lo más fácil es prevenir, o como dice el dicho "MÁS VALE PREVENIR QUE LAMENTAR" y nosotros los médicos decimos "ES MÁS FÁCIL PREVENIR QUE CURAR" y a eso me referiré ahora, qué podemos hacer para prevenir la DE.

COMO EVITAR LA IMPOTENCIA SEXUAL

Así que voy a abordar el tema de la prevención de la DE. Como creo debe manejarse para evitar su aparición.

A. QUE SU DIETA SEA BAJA EN GRASA. La dieta es fundamental pues si recordamos que las grasas saturadas causan enfermedades como la ateroesclerosis es fácil deducir que si nuestra dieta es rica en grasa de origen animal o incluso la grasa vegetal pues cuando esta se cocina pierde muchas de sus cualidades y ya no es tan benéfica como en su presentación natural. De ahí la importancia de disminuir lo más posible la ingesta de grasas, de preferencia cocinar sin ellas y solo ingerirlas en su forma natural pues de lo contrario, la DE estará presente a temprana edad. Por otro lado, si nuestra ingesta de azúcar es elevada lo más seguro es que la diabetes aparezca a temprana edad como está ocurriendo en todo el mundo, con ella al paso del tiempo aparece la tan temida neuropatía diabética y con ella la DE que queremos evitar. De tal manera que es más fácil moderar nuestra ingesta de azúcar y así mantener durante mucho más tiempo nuestros niveles de glucosa en sangre dentro de lo normal, con ello evitaremos desde luego la aparición de diabetes. Además permítame decirle que nuestra alimentación es siempre a base de carbohidratos los cuales en nuestro organismo son convertidos todos ellos en glucosa, así que no tenemos que ingerir azúcar como tal es decir que no la necesitamos, por lo tanto si la consumimos estamos directamente ingiriendo un exceso de glucosa y con ello la aparición de diabetes será a la larga casi segura.

Por otro lado, si hablamos de la hipertensión arterial, sabemos que la ingesta de sal en abundancia a la larga ocasiona hipertensión arterial y con ella la probabilidad de DE. Ya que si no aparece por ésta causa en muchas ocasiones, ocurrirá que el tratamiento prescrito para controlar esta hipertensión arterial causará como efecto secundario. DE, como ya vimos y aunque al cambiar el fármaco esto puede mejorar en ocasiones no será posible dado que muchas veces se requiere de estos fármacos de manea específica ya sea por las cifras que el paciente mantine o por la gravedad de la hipertensión arterial en algunos casos. Sabemos además que ciertos alimentos contienen nutrientes que son indispensables para una función sexual adecuada como la soya, así que si podemos incrementar nuestra ingesta de soya será una buena medida tendiente a prevenir la. DE, de todas formas una dieta rica en frutas y verduras será una buena medida preventiva de DE. Por el solo hecho de que ingeriremos una cantidad aceptable de vitaminas y minerales que nos ayudaran a evitar este problema. En fin que como dice el dicho, (somos lo que comemos) así que hay que preocuparnos por tener desde jóvenes o incluso desde niños, una dieta adecuada o mejor dicho una dieta sana, pues al ser la dieta un hábito es necesario formarnos ese hábito desde niños ya que así no solo viviremos mejor sino que incluso evitaremos no solo la impotencia de la que hablamos sino una infinidad de problemas todos ellos de repercusión en nuestro organismo.

B. HAGA EJERCICIO. Tenemos un cuerpo maravilloso y lo peor es que no lo usamos como debe ser, no lo ejercitamos para que se mantenga funcional por mucho más tiempo. Se nos olvida que lo que no se usa se atrofia, nos confiamos en que somos jóvenes y creemos que nuestra juventud durará toda la vida y cuando empezamos a ver que ya no somos los mismos, que nuestros cuerpos ya no se reponen como antes, queremos recuperar el tiempo perdido y de repente nos ponemos a hacer ejercicio como locos, a eso se debe que en no pocos casos un hombre maduro sedentario, con sobrepeso u obesidad, incluso con patologías que desconoce, intenta un fin se semana correr como si lo hiciera a diario y termina con un infarto al miocardio por el hecho de que a esta edad pensamos que estamos capacitados para un ejercicio tan simple como correr cuando ya no es así, de tal manera que la recomendación es que si usted decide ponerse a hacer ejercicio por favor acuda con su médico, que él le autorice cierto tipo y cantidad de ejercicio o lo envíe con un profesional de esta actividad para que le diseñe un plan adecuando a su edad y sobre todo adaptado a sus características fisiológicas pues el solo hecho de ser un hombre joven relativamente, no le garantiza que su cuerpo lo sea en cuento a su función, por ello requiere la valoración y prescripción de profesionales específicos. El ejercicio es lo mejor que podemos hacer para mantener nuestras funciones fisiológicas lo mejor posible pero siempre bajo vigilancia de expertos en el tema y sin exageraciones. Recuerde además que el ejercicio que mejor resultado da, hablando de la potencia sexual es el ejercicio de resistencia, que éste requiere de un programa de entrenamiento específico y más que nada de tiempo pues la condición física es labor de muchos días o de mucho tiempo para qué sea efectiva así que lo adecuado será ponerse en manos expertas antes de iniciar la actividad física tan recomendable en nuestros días pues sus beneficios son verdaderamente múltiples y sus limitaciones prácticamente ninguna. Tampoco olvide que no se trata de correr como locos una semana y dejar de hacerlo meses y luego nuevamente unos días y dejarlo una vez más, no. De lo que se trata es de ser constante es decir que esta actividad es algo que debemos hacer a diario, toda la vida pues solo así será verdaderamente benéfico, no solo para la función sexual sino para nuestra salud en general lo cual creo yo es importante para todos sin excepción.

C. NO FUME. La nicotina es un vaso constructor muy potente, ya sabemos que el tabaco contiene nicotina, que fumar causa DE. Así que ya no hay pretexto. Si fuma lo único que estará haciendo es favorecer con cada cigarrillo la aparición de impotencia sexual, si esto le preocupa o quiere evitar un factor de riesgo más, pues lo que debe hacer desde ya es dejar de fumar si tiene este hábito, así le quitara a esta probabilidad un factor de riesgo probado que causa DE. Por eso decimos que lo más fácil es prevenir, más en casos como este ya que cada vez existen más y más métodos para ayudar a cualquier persona a dejar este vicio. Fumar aparte de impotencia sexual como usted sabe causa muchos problemas de salud y ninguno de ellos desgraciadamente es leve pues todos ellos afectan de manera severa la salud del individuo, si me refiero solo a su potencial de causar impotencia sexual este hecho por si solo sería motivo suficiente para dejar de fumar además de que el fumar jamás ha reportado ningún beneficio y sí múltiples enfermedades. Desgraciadamente al ser un vicio, la adicción al tabaco es de las más difíciles de eliminar, sin que por ello dejemos de intentarlo obviamente, esto solo hablando del hábito de fumar tabaco común y corriente pues si tocamos el tema de los cigarros mentolados entraremos en el terreno de las causas de esterilidad probada que existen.

D. **AMPLÍE SU DEFINICIÓN DE RELACIÓN SEXUAL.** No se limite al coito, a estas alturas de su vida (hablando de un hombre maduro, en la década de los 40 años promedio) estoy seguro que ha probado una gran cantidad de maneras de ayudar a su esposa a alcanzar el clímax de la relación sexual. Así como usted habrá encontrado varias formas de tener placer sexual sin que necesariamente exista relación sexual o coito. Bueno pues todo esto le ayudara a tener una vida sexual sana sin que forzosamente exista coito, ya que todo aquello que hagamos para obtener placer y proveerlo a nuestra pareja nos ayudara a tener una vida sexual placentera y normal. Con ello también evitaremos la aparición de DE, pues si estamos conscientes de que una relación sexual no necesariamente es un coito, estaremos más relajados y por lo tanto en condiciones de llevar a cabo una relación sexual normal, pues como ya vimos, la ansiedad es por si sola causa de DE, y aliviarla no es sencillo pues también ya vimos que los fármacos para esta condición no deben ser prescritos por gente que no sea un verdadero experto en este tema. La tensión si está presente se alivia y con ello nuestra función sexual mejorara, la única forma de aliviar esta ansiedad es sabiendo que para que nuestra esposa alcance el clímax en la relación sexual no necesariamente debe existir un coito.

E. **CONTACTO SEXUAL FRECUENTE.** Por lo menos dos veces por semana, ya sabemos que todo órgano que no se usa se atrofia es decir deja de funcionar así que si nuestra actividad sexual se mantiene frecuente como esta anotado por lo menos dos veces por semana para un hombre en la década de los cuarenta esto le asegurara una vida sexual activa durante mucho más tiempo que si a esta edad la frecuencia con que la lleva a cabo es baja o ya no existe, esto no es raro pues como hemos visto existe DE en el hombre joven así que haga lo posible por incrementar la frecuencia de sus relaciones sexuales, esto le asegurara mantener esta función durante más tiempo, no se preocupe no se gasta, no se acaba, no se echa a perder, sino todo lo contrario, se ejercita. Usted ya sabe que toda función que se ejercita mejora cada día, se mantiene por más tiempo, y si de la relación sexual se trata, solo póngase a pensar como seria su vida si su actividad sexual fuera frecuente satisfactoria y plena en esta etapa de su vida y verá que vale la pena hacer todo lo posible por recuperarla en caso de que sea mínima o no exista, de mejorarla en caso de que aun exista pero con alguna deficiencia y de hacerla excelente, si es óptima pero como dice un comercial muy famoso, "QUIERE MÁS" de lo cual jamás se arrepentirá pues espero este de acuerdo conmigo, no existe placer mayor que el que se experimenta en una relación sexual plena.

F. LA EYACULACIÓN NO ES LA META. Ni es obligatorio eyacular para alcanzar el máximo placer. Igual que el coito no es la única forma de hacer el amor también la eyaculación no es indispensable para alcanzar el clímax en una relación, pues la expulsión de esperma solo es un acto que acompaña al clímax de la relación sin interferir con el cumulo de sensaciones placenteras que tiene el orgasmo así que no se preocupe si al hacer el amor no eyacula, es más olvídese de que esta deba existir para llegar siquiera al orgasmo. Así eliminara una posible fuente de ansiedad o temor que de otro modo le impediría una función sexual plena. Pues siendo una función tan especial, cuando la preocupación por llevarla a cabo adecuadamente aparece, lo más probable es que no sea posible y esto genere una serie de efectos que lo que harán será afectar la relación sexual en su todo, de manera que lo mejor para mantenerla y llevarla a cabo de forma normal es hacerlo con toda la tranquilidad del mundo, sin prisas, sin presiones y sin la ansiedad de que sea perfecta, además de que la perfección no existe este pensamiento afecta negativamente toda relación sexual.

G. PLATIQUE CON SU PAREJA. La comunicación resuelve muchos conflictos antes de que aparezcan problemas mayores. La comunicación es indispensable y dígame que mejor persona para platicar nuestras intimidades que la persona con quien hemos vivido y convivido más que con cualquier otra, esa es o debe ser nuestra pareja, así que si existiera alguna alteración por pequeña que sea si la platicamos con ella le aseguro se resolverá adecuadamente y no generara conflictos mayores o los evitara en caso de ser inminentes. Recuerde que todo problema de tipo sexual si no se resuelve de inmediato genera ansiedad y esta es causa de disfunción eréctil. Asunto fácil de resolver si platicamos con nuestra pareja pues ella es la persona ideal para entendernos y ayudarnos en un asunto tan delicado e importante como este. Recuerde que el placer de las relaciones sexuales debe ser compartido es decir que en una relación sexual ambos deben disfrutar al máximo de ella, esto se consigue con una comunicación excelente por lo que insisto en que la comunicación debe existir y más entre la pareja, pues además de ser interés de ambos, cuando aparece por alguna razón el menor indicio de DE. La primera en notarlo deberá ser la pareja, si la comunicación es efectiva este problema se resolverá rápidamente y no causara problemas mayores, en cambio si la comunicación no existe, al aparecer el menor indicio de DE. Esta no se resolverá rápidamente y como ya sabemos causara más y más problemas hasta que sea de muy difícil tratamiento.

H. NO TOME MEDICAMENTOS SIN PRESCRIPCIÓN. Y en caso de que sea necesario que los tome, pregunte siempre por los posibles efectos adversos de cualquiera que le prescriban, ya sabe que muchos fármacos son causa de disfunción eréctil como efecto secundario propio de alguno de ellos por lo que recuerde siempre preguntar a su médico si lo que le prescribe tiene esa propiedad pues si no lo sabe y ocurre, esto inicia una serie de fenómenos todos ellos importantes para la función sexual normal, en caso de que sea necesario el uso de alguno de ellos pídale consejo respecto a lo que pueda o deba hacer para que ese efecto no repercuta de manera importante en su sexualidad, por favor nunca se auto medique pues puede ocurrir este efecto y un vez que aparece éste, antes de pensar en que sea efecto farmacológico pensara en otra causa y será más difícil resolver esta situación. Además recuerde que existe una muy amplia gama de fármacos para tratar casi cualquier patología y muchos de ellos no afectan la potencia sexual así que solo recuerde preguntarle esto a su médico pues como profesional muchas veces solo nos ocupamos de la enfermedad y nos olvidamos de los efectos secundarios que en ocasiones son peores que la patología por la que recetamos algún medicamento, así que si esto verdaderamente le preocupa recuerde decírselo a su médico, así evitara tener efectos indeseables pero si aun así por alguna razón aparecen, usted tendrá la confianza plena de consultarlo con él y pedirle que busque la mejor solución.

Ahora bien. Ya sabemos que la DE, existe, que es muy común y que afecta sobremanera la vida del hombre, porque como varones no tenemos problemas de confesarles a nuestros amigos o familiares que padecemos alguna enfermedad y hasta las hemorroides son fácilmente comentadas, sin ningún temor podemos platicar de ellas con cualquier persona. Pero tratándose de la impotencia sexual el solo término hace que el hombre evite tocar el tema así se trate de personas muy cercanas a él, de ahí la importancia de su manejo y de todo lo que implica padecer esta alteración a una edad en la que la vida sexual debe ser óptima.

Afortunadamente existe la solución inmediata y efectiva para este problema, por ello lo tocare en esta ocasión, pues sinceramente este tratamiento ha salvado la vida de muchas parejas y de hombres que sin ella tendrían muchos más problemas de los que actualmente enfrentan.

EL VIAGRA

EL VIAGRA. Nombre comercial de una sustancia llamada SILDENAFIL. Es el primer medicamento que aparece en el mercado con efecto potente y probado para remediar la DE. Como ya lo mencionamos aparece por error, buscando un medicamento para tratar la hipertensión arterial, este producto se encuentra en el mercado en tabletas. "Las famosas pastillas azules". En dosis de 25, 50 y 100 mgs. Por tableta y dato interesante cuestan lo mismo cualquiera de las presentaciones. La famosa pastilla azul que ha sido la salvación de una infinidad de relaciones de pareja, su efecto es abrir el calibre de las aterías con una selectividad muy notable por las del pene, de ahí parte su efecto en casos de impotencia sexual pues al dilatar estas lo que ocurre es que llega sangre en abundancia al pene y con esto aparece la erección, este fármaco es tan efectivo que aun en casos de pacientes con antecedentes de cirugía como ya lo anotamos antes ya sea prostática o del colon, tiene efecto y pacientes con este antecedente consiguen tener erecciones de la potencia necesaria y suficiente para tener relaciones sexuales normales. La cantidad de fármaco activo en cada presentación varia en razón de que la dosis necesaria para obtener su efecto, puede ser diferente de un hombre a otro según su peso o edad y aunque generalmente con 25 mgs es suficiente en la gran mayoría de los casos, algunos pacientes requieren más, en situaciones no muy raras el varón compra la de 100 mgs y si con 25 le ha sido suficiente lo que hace es fraccionar la pastilla para obtener varías dosis pero como recomendación el mismo laboratorio desaconseja esta práctica pues argumenta que no existe la certeza de que en cada pedazo de tableta exista una dosis equivalente en relación directa del tamaño de la fracción, aun así se sigue haciendo esto por parte de algunos hombres sin que se hayan reportado efectos contrarios serios.

Después de este fármaco han aparecido otros con un efecto más prolongado o intenso que el primero siendo cualquiera de ellos útil para tratar la DE. Aunque como consejo debo decir que antes de que se auto medique un producto de estos acuda con su médico y que sea él quien se lo prescriba, pues como todo fármaco también este tiene efectos secundarios y contraindicaciones precisas de manera que debe ser siempre prescrito por un profesional que conozca su caso o que sea su médico familiar y conozca la patología que usted tiene en caso de existir, de manera que este medicamento no afecte su salud en vez de mejorarla.

Al ser un fármaco con efecto hipotensor como último fin deberá ser ingerido con precaución especial en pacientes con enfermedades cardiacas en general, en especial en enfermos con problemas en la irrigación del corazón pues se han reportado casos de efecto secundario grave llegando en algunos casos hasta la muerte del paciente por un uso inadecuado de este medicamento.

Aunque es un medicamento dado para mejorar la potencia sexual del hombre, se sabe que incluso lo han usado las mujeres sin ser directamente una indicación de uso en ellas pero se reporta que éste les ha ayudado a una mejor lubricación de su aparato genital.

Este hecho, farmacológicamente sería lo más lógico pues si sabemos que el efecto de éste fármaco es incrementar el flujo de sangre al órgano masculino de manera selectiva, esto mismo deberá ocurrir en la mujer y si sabemos que la erección en el hombre tiene su representación en la mujer como la lubricación de su aparato genital, es decir que la lubricación de la mujer es el equivalente femenino de la erección masculina, es fácil deducir que esta mejorará con el uso del viagra, si la mujer tiene ya problemas con su lubricación, ésta creo yo sería una opción válida pues como sabemos, cuando ocurre durante la menopausia o cerca de este acontecimiento, en lo que llamamos peri menopausia una de las alteraciones más comunes y molestas es la falta de lubricación genital o su disminución, es en estos casos donde sería de mayor utilidad este fármaco, ya que de otro modo lo que normalmente hacemos los médicos es prescribir lubricantes externos en forma de cremas vaginales lo que a algunas personas ya sean hombres o mujeres les resulta desagradable, limitando su uso sin corregir esta deficiente lubricación.

Como sabemos la función sexual del varón es muy compleja y exige una integridad total de la anatomía y la fisiología del hombre por lo que vamos a revisar lo que ocurre con una de las glándulas que participan de este complejo sistema reproductor.

LA PRÓSTATA

LA PRÓSTATA. La próstata al nacer es una estructura del tamaño de un chícharo aproximadamente, manteniéndose así desde el nacimiento del niño hasta que éste entra a la etapa de la pubertad, etapa que va de los 10 a los 19 años aunque en ocasiones se adelanta un poco y en otras se retrasa también.

Cuando todo es normal y el niño llega a la etapa de la pubertad, gracias al estímulo hormonal normal desencadenado en esta etapa de la vida, ésta glándula crece hasta alcanzar un tamaño aproximado al de una nuez siendo la responsable de este crecimiento la secreción elevada de testosterona pero más que efecto de ésta hormona, este crecimiento aparece como efecto directo de un metabolito de esta hormona, la Dihidrotestosterona la que estimula este crecimiento además de ser la causa de la caída del pelo, fenómenos ambos que ocurren en el varón adulto pues el metabolismo de la testosterona en el adulto mayor cambia y si al principio no se producía una gran cantidad de Dihidrotestosterona al paso del tiempo esto ocurre y la cantidad de esta hormona sera mayor causando estos fenómenos desgraciadamente llegando a grados patológicos en una gran cantidad de varones los que tienen que recurrir a tratamientos agresivos a fin de evitarlos pues lo que ocurre es que, al crecer la próstata, por el estímulo repetitivo de la Dihidrotestosterona, el crecimiento prostático obstruye el libre flujo de la orina desde la vejiga al exterior pues la uretra atraviesa completamente la glándula prostática, al aparecer este crecimiento lo que ocasiona es obstrucción de la uretra con la consiguiente retención de la orina y la molestia propia de este fenómeno pues la micción es necesaria he inevitable ya que la orina jamás deja de producirse y debe eliminarse en su totalidad, de lo que se deriva la importancia de la micción, si por alguna razón la próstata crece, su efecto será obstruir el libre flujo de orina a través de ella. Alteración común en el hombre adulto, mayor de 70 años hasta hace algún tiempo pues en nuestros días lo que estamos viendo es que esta patología aparece cada día a menor edad, así vemos hombres cuarentones que ya tienen problemas serios con su próstata, los cuales tienen que someterse a tratamientos agresivos para aliviarlos pues medicamente es muy difícil tratarlos ya que la efectividad de los medicamentos para este fin tienen una potencia ligera y la sintomatología de la hipertrofia prostática no permite tratamientos con efectividad a largo plazo, por lo que deben recurrir en estos casos a los tratamientos agresivos como la cirugía de la próstata o más comúnmente la resección transuretral de próstata.

Ahora bien esto ocurre si hablamos de un padecimiento benigno de la próstata, es decir que solo se trata de un crecimiento de la glándula como una hipertrofia cualquiera, pero sucede en no pocos casos que esta glándula no solo crece sino que en muchos casos las células que forman esta estructura al igual que todos los tejidos y órganos del cuerpo son susceptibles de dar crecimientos totalmente anormales formando canceres de todo tipo, en este caso EL CÁNCER PROSTÁTICO del cual me ocupare ahora.

CÁNCER DE PRÓSTATA

Si observamos las estadísticas de esta enfermedad, veremos que en 1998 aparecieron 184,500 casos nuevos de cáncer prostático en los Estados Unidos solamente y murieron 39,200 por esta patología, en el 2009 este cáncer ocupo el segundo lugar en prevalencia en este país, solo por debajo de la patología tumoral de la piel. Diagnosticándose en ese año 206,640 casos nuevos de cáncer prostático, registrándose una mortandad de 28,088 hombres, mientras que en México se diagnosticaron en ese año. 5,000 nuevos casos.

La hipertrofia prostática benigna es un crecimiento si bien anormal de esta glándula, es un proceso benigno es decir que no se disemina a otros tejidos ni invade tejidos adyacentes y por tal motivo, no debe confundirse con el cáncer que nos ocupa. Se dice que la mayoría de hombres americanos mayores de 50 años padecen hiperplasia prostática, esto nos da una idea de lo frecuente de esta alteración.

Aunque no se conoce la causa del cáncer de próstata como ocurre con la mayoría de la patología tumoral sí se asocian a esta enfermedad ALGUNOS FACTORES DE RIESGO que de tenerlos será necesario estar más al tanto y vigilar mediante métodos de detección temprana la posible aparición de esta enfermedad.

Uno de ellos y tal vez el más importante es LA EDAD pues este cáncer es raro en varones menores de 45 años. Su incidencia se incrementa a partir de ahí siendo más frecuente en la población masculina americana mayor de 65 años, pero como ocurre con todas estas patologías cada día se va presentando a edades más tempranas.

En segundo lugar está LA HERENCIA como factor de riesgo, ya que si el padre o los tíos padecieron este cáncer la probabilidad de que la persona lo tenga se incrementa.

LA RAZA, sería el tercer factor de riesgo pues se ha visto que es más frecuente en individuos de raza afroamericana siendo ligeramente menor su prevalencia en el hombre blanco. Raro también en el asiático y los indígenas americanos. Ciertos cambios prostáticos también se asocian al cáncer de esta glándula de tal manera que la hiperplasia prostática benigna como hemos visto aunque no es un cáncer si tiene cierta relación con la presencia mayor de este en quienes la padecen. EL SIDA juega un papel cada día más notable e importante en la patología tumoral de la próstata

Por último LA DIETA como factor de riesgo aparece porque se ha visto que hombres con una ingesta elevada de carne roja, grasas y azucares tienen una tasa más alta de este cáncer que quienes ingieren cantidades mayores de frutas, verduras y fibra. Relacionándose también con la incidencia menor que exhiben los hombres asiáticos pues en ellos su dieta es mas a base de verduras y frutas.

Aun así estos solo son factores que en un momento dado pudieran explicar la aparición de cáncer de próstata sin ser definitivos para explicar su aparición en determinado hombre o su ausencia en otro.

Además de lo anterior, otros factores como la OBESIDAD, ENFERMEDADES VIRALES DE TRANSMISIÓN SEXUAL, EL TABAQUISMO Y LA FALTA DE EJERCICIO son otros factores que se asocian también a la aparición de cáncer de próstata. Sin representar una causa determinante en su aparición pues, este tumor se ve con la misma frecuencia en hombres sin factores de riesgo que es raro en hombres con varios de estos factores por lo que yo insisto en lo que anote en páginas anteriores, que hemos menospreciado o minimizado la influencia que tienen en la aparición de patologías como esta. La depresión, a la cual ya me he referido y dado la explicación que me parece más adecuada dada la cantidad de enfermos en los que se ve esta relación.

Por esta razón, es que lo que no debemos dejar de hacer es estar al tanto de cualquier síntoma que nos haga sospechar la posibilidad de patología prostática como sería: debilidad del chorro de orina, incapacidad para iniciar la micción y detenerla a voluntad, mayor frecuencia de micciones especialmente durante la noche, sangrado al orinar o eyacular y disminución o perdida de la erección, pues en caso de aparecer estos síntomas lo aconsejable es acudir de inmediato o lo más pronto posible al médico pues este cáncer cuando es detectado a tiempo o en sus etapas iniciales tiene un alto porcentaje de sobrevida, no así si se diagnostica en etapas avanzadas caso en el que la muerte está presente a corto plazo.

PREVENCIÓN. Dado que la presencia de un cáncer de próstata es una enfermedad grave, es recomendable saber qué podemos hacer por prevenirlo pues sabemos que esto es más fácil que curarlo y a ese respecto, El licopeno presente en los tomates y otros vegetales tiene cierta utilidad lo mismo que la vitamina E y el selenio. También se ha investigado una droga llamada finasteride (droga anti androgénica) pero sus resultado no son concluyentes.

LA TESTOSTERONA

En el tratamiento del Ca de próstata, se han empleado medicamentos como el proscar, (finasteride), leuprolide (lupron) y el flautamide (eulixin) medicamentos que como efecto secundario tienen que, disminuyen la libido, esto se debe a que todos ellos actúan a través de bloquear el efecto de la testosterona, si sabemos que la libido depende de los niveles de testosterona en gran medida, fácilmente entenderemos que al bloquear a esta hormona la libido disminuye o desaparece sí la dosis es suficiente, desgraciadamente no existe posibilidad de que esto no ocurra, razón por la cual muchos varones prefieren suspender estos fármacos con el riesgo que esto representa hablando de la presencia de una enfermedad como ésta, así confirmamos que la relación sexual tiene una función por demás importante e indispensable en la estabilidad o mejor dicho en la vida del hombre pues en estos casos anteponen la función sexual a su vida.

En todos los casos de hipertensión arterial habrá que investigar a fondo la calidad de vida sexual del paciente, pues lo más frecuente es que ésta ya esté afectada, si a esto agregamos medicación que de manera secundaria interfiera con la potencia sexual, es fácil imaginar la repercusión que esta causara en un paciente de este tipo. Sabemos que el estrés es causa preponderante de la hipertensión arterial y al mismo tiempo de impotencia sexual, así que si tenemos un paciente hipertenso debemos inferir que su vida sexual esta igualmente afectada de tal manera que nunca deberíamos prescribir medicamentos con efecto a este nivel que den como resultado, dificultades de erección, si por alguna razón no existe la posibilidad de usar medicamentos que no afecten en absoluto la función sexual y tenemos que recurrir a los que sí tienen este efecto secundario habrá que explicarle perfectamente al paciente lo que estamos haciendo pues por esta razón como dice el dicho, "EN MUCHAS CASOS ES PEOR EL REMEDIO QUE LA ENFERMEDAD".

La DHT, "DIHIDROTESTOSTERONA" es una de las causas demostradas, de cáncer de próstata. La Dihidrotestosterona es dos a tres veces más potente que la testosterona, el hombre produce aproximadamente 300 microgramos por día y la mujer solo 25 a 50 de testosterona, la androstenelona, es una hormona sintética que actúa de manera semejante, favoreciendo el cáncer de próstata por ser una hormona de naturaleza esteroidea.

Así como favorece la aparición de cáncer de próstata, los niveles elevados de Dihidrotestosterona son la causa de la calvicie prematura, (normalmente perdemos aproximadamente 100 cabellos por día) pero cuando los niveles de este metabólico de la testosterona se eleva, también lo hace la cantidad de cabello que perdemos, por eso al paso del tiempo el varón presentara calvicie pues pierde más cabellos de los que repone.

Sin olvidar que la calvicie tiene como causa además de los niveles elevados de Dihidrotestosterona, el estrés, la ansiedad, problemas de autoinmunidad y la genética, además de la seborrea, algunos shampoos, los tintes, la anemia y el hipotiroidismo.

El cáncer de próstata, al igual que la patología tumoral benigna de esta glándula, tiene como SÍNTOMAS PRINCIPALES los siguientes:

1. GOTEO POST-MICCIONAL que no es más que la presencia de goteo de orina una vez que se ha terminado de orinar.

2. POCA POTENCIA DEL CHORRO AL ORINAR. Es decir falta de fuerza para expulsar orina.

3. IMPOTENCIA SEXUAL o disfunción eréctil.

4. EYACULACIONES DOLOROSAS.

5. MOLESTIAS TIPO DOLOR O ARDOR a la erección.

6. POCA SATISFACCIÓN SEXUAL. Es decir que el hombre con esta enfermedad pierde el gusto por las relaciones sexuales.

7. EYACULACIONES SANGUINOLENTAS. Es la presencia de sangre en la eyaculación, la cual puede ser mínima o casi total siendo difícil de notar cuando la cantidad de sangre es escasa pero fácil de ver cuando la cantidad de esta es abundante lo que fácilmente es notado por el varón o su pareja y

8. SÍNTOMAS GENERALES COMO ASTENIA, ADINAMIA Y PÉRDIDA DE PESO.

Desgraciadamente una vez que aparecen estos síntomas lo más común es que la enfermedad se encuentre ya avanzada y el tratamiento sea solo paliativo, pues como sabemos una enfermedad aun grave si se diagnostica a tiempo o en su etapa inicial siempre tendrá un mejor pronóstico y en muchos casos se curara si se cuenta con el tratamiento específico.

Al igual que la diabetes y la hipertensión arterial, este cáncer cada día es más frecuente, desgraciadamente es común pues dado que al ser una patología que afecta los órganos sexuales del varón y debido a los tabúes y costumbres predominantes en los hombres no es común que nos revisemos este órgano como parte de un chequeo habitual o como se recomienda, una vez cada año después los 40 años de edad, por estos detalles la patología prostática inicial pasa desapercibida o no es diagnosticada en etapas iniciales avanzando esta enfermedad hasta que la sintomatología es severa y obliga a la persona a acudir al médico con la sorpresa de que en muchos casos esta enfermedad ya se ha convertido en un tumor maligno avanzado y fuera de tratamiento curativo, iniciándose el calvario de un cáncer de próstata.

En cuanto a la prevalencia de este tumor, se sabe con precisión que a mayor edad mayor probabilidad de padecerlo. Sabemos que este tumor es frecuente pero no debemos olvidar que su frecuencia aumenta a medida que la edad es mayor, así que habrá que tener presente esta característica para que no olvidemos hacernos examinar nuestra próstata a medida que nuestra edad avanza esta revisión deberá ser más estricta y frecuente pues como sabemos en etapas iniciales es curable siendo necesario solo diagnosticarlo a tiempo.

De ahí la importancia de mantener una vida sexual óptima y a este respecto recordemos que el hombre es impulsivo es decir que solo busca satisfacer su necesidad física aunque debo decirles que fisiológicamente, es decir de manera normal para la función del cuerpo del hombre esta necesidad es importantísima pues como veremos más adelante la fisiología masculina así lo ordena, al ser una necesidad de la función normal es necesario satisfacerla y por otro lado la mujer es sentimental de tal manera que el hombre es muy fácil de satisfacer pues solo con llegar a la eyaculación estará satisfecho, es decir que con solo eyacular cubrirá su necesidad y esto ocurre demasiado rápido en algunos casos pues la eyaculación precoz es un problema muy frecuente ocurriendo incluso antes de la penetración siquiera pero para el varón esto no representa ningún problema no así para la mujer pues ella al ser sentimental más que sexual, necesita tener antes de una relación sexual un gran preámbulo amoroso para de esta manera poder llegar ella, a una relación sexual y aun así poco a poco y de manera gradual a un orgasmo de lo que se deriva la gran cantidad de mujeres insatisfechas sexualmente hablando. Problema serio pero que escapa al objetivo de este libro y que por esto no abordare, solo anotare que todas estas características se pueden corregir de una manera adecuada y no son difíciles de lograr pues si partimos del hecho de que lo único que desea el hombre es satisfacer su necesidad de eyacular es muy sencillo darle ese placer, en cambio la mujer nunca será fácil satisfacer, por esto es que en la mujer existe una falta casi generalizada de orgasmos cosa que no ocurre en el hombre, además que la frecuencia con que se requiere de Las relaciones sexuales en la mujer es muy rara y en el hombre muy frecuente, La falta de conocimiento de estos detalles es algo que lleva poco a poco a la insatisfacción sexual de la pareja y con ello toda una serie de cambios incluso físicos, pues está demostrado que la falta o la baja frecuencia de eyaculación del hombre se relaciona directamente con la aparición de cáncer de próstata pues la secreción sexual no se detiene ni se pierde y por el contrario, aumenta al incrementar la sensibilidad a los estímulos y como la formación de espermas nunca se detiene, crea una situación que en muchas ocasiones produce lo que se llama prostatósis, que cuando ocurre es la causa de obstrucción prostática por congestión ya que la secreción externa de la próstata no se elimina generando cambios en la función prostática que terminarán por favorecer la aparición de células malignas de esta glándula pues al no eliminase su secreción, ésta la irrita de manera constante, esto a la larga favorece la a aparición de células anormales las cuales son el origen de los tumores en este caso el cáncer de próstata, si agregamos a esto que consciente o inconscientemente el varón sufre depresión cuando no se satisface sexualmente o la frecuencia de las mismas es muy escasa veremos que por esta razón aparece depresión quiera o no y esto hace que su inmunidad disminuya demasiado lo que a su vez permite que las células malignas que generó su próstata ahora no sean eliminadas por su inmunidad ahora deteriorada, todo esto favorece la generación de cáncer de próstata el cual cada vez es más frecuente, desgraciadamente todo esto que estoy comentando es muy poco entendido por la pareja y de esa manera solo se perpetua el problema y la solución cada día es más difícil pues cambiar estos hábitos, costumbres o creencias no es fácil, y requiere terapias obviamente dadas por especialistas en la materia pues es un asunto demasiado importante para dejarlo en cualquier mano.

Todo lo anterior se explica dadas la características anatómicas y fisiológicas del varón de las que resaltare las más importantes en este caso que es su producción hormonal la cual tiene como punto de partida la cantidad de una hormona llamada testosterona la cual es la hormona masculina por excelencia, por esta razón me referiré a ésta ahora.

LA TESTOSTERONA. Alimenta el impulso sexual y le da calidad al comportamiento sexual desde la excitación hasta la erección, culminando obviamente con el orgasmo. Esta hormona es la responsable directa de la libido y dado que sus niveles son mayores en el hombre es fácil deducir que el hombre es más libidinoso que la mujer por así decirlo, a eso se debe que el hombre necesita tener relaciones sexuales más frecuentemente que la mujer, es más ella reprime fácilmente su libido porque sus niveles de testosterona, son muy bajos o su presencia es mínima y por lo tanto fácilmente puede ser inhibida, esto que parece tan simple a la larga es causa de la aparición de disfunción sexual grave en el varón pues si el hombre reprime su impulso sexual o mejor dicho si al hombre le frustran su deseo sexual normal una vez, obviamente no pasara nada pues en la siguiente ocasión este será normal o incluso mayor que la primera, pero como usted comprenderá si esta situación se repite con frecuencia, es fácil entender que la función sexual se atrofiara pues como ya vimos, cualquier órgano que no se usa se atrofia, lo mismo sucede con cualquier función fisiológica normal, esta es una de las causas más comunes en nuestros días de la famosa disfunción eréctil ya comentada y que por esta razón es tan difícil de tratar pues recuperar una función fisiológica perdida es muy complicado.

La eyaculación es el punto culminante de la relación sexual en el hombre y realmente es muy fácil para el varón alcanzar la eyaculación pues la secuencia de eventos es muy breve, sencilla y coincide con el orgasmo masculino de tal manera que la satisfacción sexual del hombre es rápida y fácil pero habrá que saber que la eyaculación no es indispensable pues esta solo es la emisión de líquidos de los testículos, próstata, glándulas seminales y vulbouretrales sin que esta emisión condicione las sensaciones que acompañan al orgasmo masculino ni sus benéficos efectos pues sin esta emisión de líquidos el orgasmo es tan placentero como con eyaculación.

En la consecución de los afectos placenteros de la relación sexual, en especial del orgasmo participan una serie de sustancias de las cuales resaltan:

EL ORGASMO Y LA DOPAMINA

LA DOPAMINA. Esta hormona es conocida por sus efectos placenteros, los cuales son la razón de la existencia de las adicciones pues todas las drogas conocidas tienen como fondo la liberación de dopamina en el cerebro, la cual al ser liberada produce como efecto directo una sensación de placer increíble y tratándose de la relación sexual dígame usted si no es de lo más placentero que experimentamos como hombres y mujeres, situación que solo se da en el momento del orgasmo, de ahí la importancia de alcanzar éste tanto en el hombre como en la mujer, siendo esto una condición, pues sin orgasmo no existe liberación de esta hormona y la sensación de placer no aparecerá, de lo que se deriva el comportamiento futuro de la mujer en cuanto al deseo por las relaciones sexuales. La dopamina es una hormona que se produce en el cerebro y en las glándulas suprarrenales de hombres y mujeres, de manera constante pero con una característica por demás interesante e importante como es que esta hormona no cruza la llamada barrera hematoencefalica, es decir que el cerebro esta por así decirlo protegido del ingreso de diversas sustancias por seguridad propia y de manera natural ésta protección medicamente se conoce como barrera hematoencefalica, lo cual quiere decir que no todas las sustancias presentes en la sangre ingresan al sistema nervioso sino que existe un obstáculo que permite solo el ingreso de algunas de ellas, siendo la dopamina una de las hormonas que no pueden atravesar esta barrera por lo cual la naturaleza siendo tan sabia ha hecho que esta sustancia se produzca de manera natural dentro del sistema nervioso central donde lleva a cabo sus efectos siempre y cuando se estimule su producción y liberación de alguna manera para lo cual sabemos que prácticamente todas las drogas tienen la característica de estimular su producción y liberación de los sitios donde se produce y almacena hacia los tejidos donde se manifiestan sus efectos, con la observación de que cuando se usan estas sustancias el estímulo farmacológico tiene la propiedad de causar tolerancia es decir que poco a poco se van requiriendo dosis mayores de estas drogas para producir el efecto deseado pues es un estímulo artificial, en cambio sabemos que mientras más frecuentemente alcancemos el orgasmo como mecanismo normal o estimulo fisiológico para producir y liberar esta sustancia, el cuerpo responde cada vez mejor pues se facilita por decirlo así la producción y liberación de esta hormona con la observación de que al ser este un fenómeno totalmente fisiológico no causara adicción en situaciones normales ni causara efectos secundarios.

Así es como actúa esta hormona y ésta es la razón por la cual crea adicción pues al ser estimulada por sustancias como las drogas esta producción es elevada y sus efectos exagerados.

LA VASOPRESINA. Esta hormona es producida por el hipotálamo, región del cerebro que maneja las emociones, esta sustancia tiene como efecto general el de elevar la presión arterial la cual se requiere para alcanzar la excitación que acompaña el clímax del acto sexual y sin la cual no se alcanzaría pues en ese instante todas las funciones corporales se incrementan y una de ellas es la presión arterial a todo nivel, lo que se traduce como mayor potencia, mayor fuerza y mayor lucidez, esta hormona evita además la filtración renal de sangre con lo que conserva liquido en el sistema circulatorio con la misma finalidad, pues al retener líquidos lo que se eleva es el volumen sanguíneo y con ello la presión arterial.

LA HORMONA DE CRECIMIENTO

LA HORMONA DE CRECIMIENTO (GH) por sus iniciales en inglés, es una hormona producida y liberada durante toda la vida con variaciones perfectamente establecidas en cuanto a la cantidad producida y liberada con elevaciones importantes como sucede a los diez años, edad en que alcanza su pico más alto, disminuyendo posteriormente de manera gradual pero sin desaparecer hasta el final de la vida. Es la responsable del crecimiento de la persona en todos sus aparatos y sistemas requiriendo solo de los estímulos que favorecen su producción y liberación, así tenemos que los principales estímulos para la liberación de hormona de crecimiento son: el sueño profundo, los traumatismos del hueso, la hipoglicemia (baja de los niveles de azúcar en sangre) y por supuesto las relaciones sexuales. De ahí la importancia de la presencia de estos estímulos pues su liberación es la responsable de la regeneración de todos los tejidos del adulto, que traducido a lo que nos ocupa es la explicación del rejuvenecimiento que da el tener relaciones sexuales plenas y obviamente frecuentes dándole además a este fenómeno la base fisiológica y no solo la emocional como pudiéramos pensar. Para esto habrá que saber que a lo largo de la vida nuestro cuerpo se mantiene en constante cambio y la reparación o renovación de nuestras células en una función fundamental para esta renovación siendo la hormona de crecimiento la principal responsable de ello, pues si bien el esqueleto una vez terminado el desarrollo del individuo ya no crecerá más, si lo harán los tejidos llamados blandos, pues en ellos el crecimiento puede continuar hasta muy avanzada la edad, prueba de ello es el crecimiento normal que presentan los tejidos cartilaginosos como son los que se encuentran en la nariz y las orejas principalmente, por ello no es de extrañar que nuestra fisonomía cambie con la edad de manera normal pues la nariz y las orejas del anciano siempre serán más grandes en proporción de lo que eran en su juventud, indicando esto que la producción y liberación de hormona de crecimiento esta presenta a lo largo de toda la vida.

LA MELATONINA

LA MELATONINA. Esta hormona es la responsable de nuestro ciclo normal de vigilia y sueño, es la encargada de gobernarlo y hacerlo normal, es decir que mientras esta se libere adecuadamente no existirá insomnio o su contraparte hipersomnia (dormir de mas), por esta razón es que cuando las relaciones sexuales son normales dormimos mejor, es decir que nuestro cuerpo efectivamente descansa, despertamos mucho mejor, descansados, lucidos y con un estado de ánimo excelente, fenómenos dados por la presencia de sueño fisiológico, es decir normal, cosa que no ocurre cuando el sueño es inducido de manera artificial como sucede con los fármacos sedantes, ansiolíticos o hipnóticos, pues con ellos el sueño nunca es reparador y los efectos benéficos del sueño no aparecen.

LA PREGNENOLONA. Esta sustancia pertenece al grupo de hormonas de tipo esteroide que tienen como efecto común estimular el crecimiento principalmente del tejido muscular, a lo que se debe que la mayor frecuencia y calidad de las relaciones sexuales sea la causa de que el cuerpo del hombre como el de la mujer conserve sus características sexuales secundarias pues como sabemos la morfología del hombre es diferente de la de la mujer, a esto contribuye esta hormona pues la masa muscular responde a este estímulo y al liberarse por efecto de la relaciones sexuales el varón tendrá un cuerpo más varonil por así decirlo. Es una hormona anabólica que estimula el desarrollo de la masa muscular en ambos sexos de manera normal o fisiológica, es decir, que esta situación no causara ningún daño y el desarrollo no será en ningún caso exagerado o aparatoso como sucede cuando se ingieren estas sustancias como fármacos estimulantes.

LAS HORMONAS TIROIDEAS

LAS HORMONAS TIROIDEAS. Estas son las hormonas anabólicas por excelencia es decir son las principales sustancias que hacen que nuestro cuerpo se mantenga activo al máximo pues estimulan la actividad a todo nivel haciendo que todo lo que ingerimos sea transformado en sustancias útiles a nuestro cuerpo o simplemente en energía para todas las actividades que queramos, de ahí la importancia de su liberación y de mantener ésta a lo largo de la vida pues yo creo que debemos mantenernos activos siempre y no por el hecho de avanzar nuestra edad esto quiera decir que nuestra actividad normal también debe cesar. Así que hasta la muerte la actividad corporal debe ser la mejor y de ello se encargan las hormonas tiroideas, si sabemos que la actividad sexual estimula la liberación de estas habrá que agregar una razón más y de mucho peso para mantener nuestra actividad sexual normal y por supuesto satisfactoria.

Aunque esto es un circulo fisiológico normal, se requiere una función corporal óptima para tener una vida sexual plena, esta actividad hace que mantengamos nuestro cuerpo funcionando adecuadamente así que lo que si podemos hacer en caso de que nuestra actividad corporal este decayendo, lo más efectivo y creo yo fácil es, reactivar nuestra actividad sexual, pues de ahí poco a poco nuestra actividad corporal mejorara de manera progresiva hasta ser la óptima o lo más cercano a ella.

La disminución de la testosterona en el varón nunca tendrá un impacto tan devastador como ocurre con la disminución de estrógenos en la mujer. La testosterona es la hormona de la libido por excelencia, como ya vimos además de que esta hormona solo disminuye al paso del tiempo por lo tanto la libido del hombre solo disminuye pero no desaparece aunque si le afecta esta disminución no ocurre lo mismo en la mujer pues en ella la libido es menor por su menor cantidad de testosterona pero ella requiere de los estrógenos para que su cuerpo funcione de manera óptima y lo normal es que en la menopausia estas hormonas prácticamente desaparecen, eso si tiene un efecto severo en la fisiología normal de la mujer y por supuesto que abarca también su actividad sexual aunque si sabemos que la testosterona continua produciéndose y liberándose bien, es recomendable explicarle que el hecho de disminuir sus estrógenos no quiere decir que la libido también deba disminuir o incluso desaparecer, pues esta función es responsabilidad de la testosterona y que esta se sigue produciendo en ella, aún más al disminuir la cantidad de estrógenos, pues la testosterona ya no tendrá quien se oponga a sus efectos como son los estrógenos, por lo tanto su efecto se manifestara de mejor manera dándole a la mujer un incremento en su libido, es decir que ahora la mujer será más libidinosa por así decirlo de lo que era antes de la menopausia, todo esto es un efecto fisiológico pues sus niveles de testosterona serán comparativamente mayores que cuando aún reglaba y por lo tanto los efectos de esta hormona masculina se manifestaran mejor.

CUANDO LA TESTOSTERONA DISMINUYE

Ahora bien todos sabemos que con el tiempo todas las funciones corporales disminuyen y la cantidad de testosterona no escapa a esta condición así que veamos solo algunos de los cambios sexuales que ocurren en el hombre cuando sus niveles de testosterona disminuyen.

A. EL DESEO SEXUAL AMAINA. Este es un efecto natural si sabemos que es la testosterona la hormona de la libido, es lógico que al disminuir sus niveles ocurra lo mismo con el deseo sexual del varón lo cual ocurre de manera progresiva pero, sin desaparecer pues los testículos solo disminuyen su función sin que esta desaparezca por completo, a menos obviamente que le sean extirpados por alguna otra razón. Situación en la que sí desaparece este impulso sexual o en el supuesto caso que el hombre ingiera medicamentos anti androgénicos (fármacos que bloquean la acción de la testosterona) como ocurre en los pacientes bajo tratamiento hormonal para el cáncer prostático donde estos pacientes ingieren medicamentos cuyo efecto es impedir las acciones de la testosterona, aunque este efecto también aparecerá dependiendo de la potencia del fármaco y las dosis dadas de los mismos.

B. SE REQUIERE MÁS TIEMPO PARA LOGRAR UNA ERECCIÓN. Cuando la testosterona disminuye, la erección es más lenta o requiere más tiempo para aparecer pues si los niveles de esta hormona son bajos solo a medida que la estimulación aumenta, aumentara la cantidad liberada de esta hormona y solo hasta que sus niveles sean los suficientes para producir una erección aparecerá esta también. Requiriéndose además que la estimulación continúe para mantenerla pues de lo contrario la erección será insuficiente o de muy corta duración lo cual impedirá en ambos casos una relación sexual normal.

C. SE REQUIERE ESTIMULACIÓN FÍSICA DIRECTA PARA LOGRAR UNA ERECCIÓN. Esta estimulación se refiere o puede compararse con los tratamientos que se han usado o mejor dicho se usan para tratar la impotencia sexual pues de lo que se trata es de lograr una erección de cualquier manera con la finalidad de llegar a tener una relación sexual normal, para esto la erección que buscamos debe ser lo suficientemente potente para poder culminar un acto sexual. Esta estimulación consiste en una manipulación enérgica y persistente con las manos o preferentemente y de ser factible lo que resuelve este problema sería la estimulación oral del pene haciendo el efecto de vació que provoca la erección actuando como las bombas llamadas así (de vacío) que se usan para la impotencia sexual o disfunción eréctil, donde el efecto si bien no es de estimulación propiamente dicho si es el de que al hacer o mejor dicho ejercer una presión negativa alrededor del pene, éste succiona por así decirlo sangre llenándose de ella y con ello se produce una erección.

D. DISMINUYE LA CANTIDAD Y CALIDAD DE LA EYACULACIÓN. Si la testosterona disminuye, todos sus efectos se verán afectados, uno de ellos es la cantidad de fluidos que se expulsan en la eyaculación normal pero como ya anotamos antes, la cantidad de fluidos eyaculados no interfiere en nada con el orgasmo y sus efectos placenteros, sobre todo sus benéficos, incluso la falta completa de líquido eyaculado no interfiere con la calidad del orgasmo así que este efecto no sería tan grave o serio a menos que la intención de la relación sexual sea conseguir un embarazo situación en la que este efecto si tendría repercusiones serias pues este embarazo que en otras circunstancia seria fácilmente conseguido ahora no será así y en muchos casos requerirá apoyo hormonal adicional con este fin, pero si solo tratamos el aspecto del placer orgásmico de la relación sexual este fenómeno prácticamente carece de importancia.

E. LOS TESTÍCULOS DISMINUYEN SU TAMAÑO Y EL ESCROTO SE HACE FLÁCIDO. Es natural que al disminuir la cantidad de testosterona los testículos se atrofien situación normal de la edad pero que si por alguna razón la cantidad de esta hormona es menor a una edad más temprana el efecto de disminución de tamaño de los testículos y la caída del escroto también será más pronta y aunque no representa nada grave si es un fenómeno que pudiera inquietar a un varón que está muy al tanto de estas características. Ahora bien si se tratase de este caso es decir de un hombre que está muy al tanto de sus órganos sexuales sería muy raro que este permita una disminución de testosterona a temprana edad pues lo más lógico sería que su vida sexual sea optima, satisfactoria y frecuente, en este caso la disminuciones del tamaño de sus testículos de la que hablamos no aparecería hasta bien avanzada la edad, de manera tal que el mejor método para evitar estos efectos o mejor dicho para retrasar su aparición como es normal, es mantener una actividad sexual plena, satisfactoria y frecuente, cosa que generalmente no es difícil conseguir para cualquier hombre casado. Además de que esto traerá como resultado beneficios adicionales a los ya mencionados, que tienen una importancia fundamental en la vida del adulto y no se diga del adulto mayor tanto que podemos decir que "LAS ERECCIONES FRECUENTES DE HOY SON SU MEJOR DEFENSA CONTRA LA IMPOTENCIA DEL MAÑANA" pues todos sabemos que todo lo que no se usa se atrofia y lo que se usa frecuentemente mantiene su función por mucho más tiempo y por si esto fuera poco, se sabe que cuando la cantidad de testosterona disminuye.

AUMENTA LA PROPENSIÓN A PADECER LA ENFERMEDAD DE ALZHEIMER. Enfermedad cada día más frecuente en nuestra sociedad, de predominio en el hombre adulto mayor, aunque como ocurre con toda la patología, actualmente esta alteración de la memoria se está presentando a edades cada vez más tempranas, ya que si antes esta enfermedad era frecuente en el varón mayor de 70 años de edad ahora se presenta desde la década de los cincuenta e incluso se ha visto en hombres menores de esta edad, situación preocupante en todos los aspectos pues una deficiente memoria acarrea un sinfín de problemas y dificultades ya no solo para el hombre que la padece sino incluso más para la familia que tiene que proveer los cuidados necesarios a una persona en estas condiciones.

Una vez que sabemos esto, veamos que es realmente la testosterona para que entendamos mejor sus características y sobre todo sus funciones.

LA TESTOSTERONA. Es una hormona anabólica esteroidea encargada del desarrollo de los genitales externos en el varón, los testículos y la próstata, es una hormona virilizante que previene la osteoporosis y sus niveles son 10/1 más abundante en el hombre que en la mujer. Inicia su acción en la cuarta a sexta semana de gestación y hace la diferenciación de los caracteres sexuales del niño o niña. En la pubertad es la responsable de la aparición de los caracteres sexuales secundarios del varón. Desarrolla el pene, el clítoris en la mujer, es la encargada de elevar la libido además de aumentar la frecuencia de las erecciones. Estimula el crecimiento del bello en piernas y el abdomen bajo, la barba, patillas y bigote, paradójicamente su exceso causa alopecia, desarrolla el bello pectoral y peri areolar disminuye la grasa subcutánea y aumenta la fuerza muscular, engruesa la voz y crece la manzana de adán aumenta la producción de espermas, crece la mandíbula, las cejas, la nariz y las orejas, además de favorecer la aparición del acné.

SU ELEVACIÓN AUMENTA LA PROPAGACIÓN DE UN CÁNCER PROSTÁTICO, razón por la cual en el tratamiento de un cáncer de esta glándula una de las medidas terapéuticas empleadas en todos los casos de esta naturaleza, es la inhibición del efecto de la testosterona a través de medicamentos que bloqueen su acción o síntesis, los medicamentos llamados anti androgénicos o la terapia con estrógenos (hormonas femeninas) con la finalidad de contraponerse al efecto de la testosterona con la consecuente feminización del paciente. Esta hormona ejerce una gran cantidad de efectos en todo el organismo, de los que voy a comentar los más sobresalientes.

DISMINUYE EL COLESTEROL. Al ser una hormona anabólica lo que hace es favorecer el metabolismo normal de todas las sustancias y entre ellas está precisamente el colesterol por lo que los niveles de esta sustancia se mantienen mejor controlados en presencia de niveles adecuados de esta hormona.

MANTIENE LOS NIVELES DE GLUCOSA. Ocurre lo mismo si hablamos de la glucosa pues el efecto sería mantener de igual manera los niveles de glucosa dentro de lo normal a través de mantener o mejorar el metabolismo de los hidratos de carbono, que como sabemos ya, son la fuete de glucosa de nuestro organismo, estos efectos son de tipo orgánico, pero esta maravillosa hormona tiene además otros efectos de tipo emocional como vamos a ver.

JUEGA UN PAPEL IMPORTANTE EN LA TOMA DE DECISIONES FINANCIERAS. Es decir, es la sustancia que nos hace tomar o no riesgos en el aspecto económico. Todos sabemos que la economía es uno de los asuntos que más preocupan a muchos hombres hoy en día pues si partimos del hecho de que uno de los principales roles del varón es del de proveedor es fácil suponer que a él le corresponde tomar las decisiones respecto al dinero y la manera de conseguirlo pero cuando de tomar decisiones importantes a este respecto se trata lo más común es que aparezca temor de tomar estas por la posibilidad de que no sea la decisión adecuada o que represente más frecuentemente pérdidas económicas que ganancias el proyecto o plan que tengamos en mente, esto en gran medida tiene que ver con la presencia de niveles bajos de testosterona pues como vemos ahora la presencia de esta hormona en niveles adecuados en el varón lo hace tomar estas decisiones más fácilmente que cuando sus niveles están disminuidos, lo vemos también en la preferencia que los hombres actuales tienen ahora por conseguir un empleo fijo que les garantice un sueldo constante en vez de arriesgar en los negocios por ejemplo donde sabemos que los ingresos pueden ser mucho mejores que en cualquier empleo pero que dada la inseguridad del éxito en ellos los hombre prefieren la "SEGURIDAD" de un empleo que aunque mal pagado les asegure una quincena permanente a pesar de ser un ingreso generalmente muy bajo, razón de la incomodidad de la gran mayoría de empleados que existen.

HACE MÁS EGOÍSTA AL VARÓN. Esta situación se presenta porque cuando los niveles de testosterona son elevados o simplemente normales en el hombre, este tiene un ego muy desarrollado o presenta un ego elevado lo que lo hace pensar que solo él se merece todo, que los demás tienen la obligación por así decirlo de darle o atenderlo primero que nadie o de manera más eficiente, convirtiéndolo en un hombre egoísta que no sabe dar, que solo pretende recibir, que se merece todo y los demás nada incluso con el sexo opuesto pues este sentimiento de superioridad se manifiesta en todas las situaciones por las que pase este hombre, así que incluso con el sexo opuesto se mostrara egoísta, todo gracias a que su estima es elevada, su función hormonal normal y su personalidad obviamente de llamar la atención.

ESTIMULA A LAS CÉLULAS DE SERTOLY. Localizadas en los testículos para que formen espermas, dependiendo de esta hormona la producción total de espermatozoides en el varón, por lo que la cantidad de estos disminuye si los niveles de testosterona bajan cosa que ocurre con la edad pero que muy rara vez desaparece, a eso se debe que un hombre anciano puede embarazar a una mujer Joven o aun fértil casi sin problemas siendo el único requisito una relación sexual norma, pues si recordamos que para que se produzca un embarazo solo hace falta un espermatozoide, el varón produce millones de ellos de manera normal, tenemos que saber que aunque disminuya la cantidad de estos no se requiere más que uno de ellos para ser fértil y de cuyo desconocimiento se suscitan embarazos de jovencitas que pensaron que el varón anciano ya no era fértil y o sorpresa. No fue así.

REGULACIÓN. La testosterona es sintetizada por la células de Leydig, localizadas en los testículos, mediante el estímulo hormonal del eje hipotálamo, hipófisis, testículo, de tal manera, que si los niveles de testosterona en sangre bajan, el hipotálamo (estructura localizada en la base del cráneo, que pertenece al sistema nervioso central) libera una sustancia llamada factor liberador de gonadotrofinas, O (GNRH) en la nomenclatura médica, la cual estimula a la hipófisis (que es una glándula localizada en el centro del cráneo, que rige toda la función hormonal del cuerpo) para que libere FSH y LH u HORMONAS FOLÍCULO ESTIMULANTE Y LUTEINIZANTE respectivamente, sustancias llamadas hormonas sexuales o gonadotrofinas (reciben este nombre porque ejercen su efecto sobre las gónadas o glándulas sexuales) y que se secretan en ambos sexos difiriendo solo el órgano sobre el cual van a ejercer su efecto, derivándose de ello las manifestaciones que darán según sea el caso, situación que escapa al objetivo de este libro. Así estas hormonas en el hombre, estimulan a los testículos, que son los órganos sexuales masculinos para que liberen más testosterona hasta que el ciclo se inhiba.

Esta hormona es también sintetizada aunque en una cantidad menor en ambos sexos en las glándulas suprarrenales que son dos estructuraras ubicadas sobre los riñones (una sobre cada uno de ellos), esto explica por qué en la mujer adulta que ha pasado la menopausia uno de los fenómenos que se presenta es que ahora ella tiene aparición de pelo en ubicaciones propias del hombre como son barba y bigote así vemos mujeres con bello en estos lugares más abundante según avanza la edad pues al perderse el estímulo normal de los ovarios que secretan estrógeno la función hormonal predominante ahora es la de la testosterona con la consecuente manifestación de masculinización que aparecen a esta edad.

Existen además otros factores que afectan la síntesis y liberación de la hormona masculina como son, algunos factores ambientales que influyen en la regulación de sus niveles.

De los que también describiré los más notorios, ya que de su conocimiento podremos entender muchas de las manifestaciones que se presentan en determinada situación y que hasta ahora desconocíamos o no le dábamos la importancia que realmente tienen. Así tenemos los siguientes.

LA PÉRDIDA DEL ESTATUS DISMINUYE LOS NIVELES DE TESTOSTERONA, sin importar sí es desde el punto de vista económico, familiar o social. Pues aunque le parezca extraño, la función hormonal masculina se ve seriamente afectada cuando el hombre pierde su estatus es decir cuando el hombre pierde su lugar dentro de la familia, trabajo o sociedad, situación en que de manera directa se ve afectada su función hormonal y con ello todas las manifestaciones físicas y emocionales que acompañan a la disminución de los niveles de testosterona, que veremos más adelante, de tal manera que se requiere que el hombre mantenga su posición, su lugar y su estatus para que hormonalmente funcione correctamente convirtiéndose esto a veces en un círculo vicioso pues si el hombre socialmente, familiarmente y laboralmente no tiene un lugar de importancia, la función hormonal se verá disminuida, por otro lado, si ocurre que por alguna otra razón el varón tiene una deficiencia hormonal de origen endógeno, esto le impedirá funcionar como varón y de esta manera le será muy difícil lograr ese lugar o tener ese estatus del que hablamos. De tal manera que esto no es tan simple de diagnosticar y menos de tratar pero en este libro solo estamos tratando el aspecto del comportamiento y no las diferentes patologías o situaciones ambientales que pudieran presentarse y en las que estaría involucrada una deficiencia de esta hormona.

LA MOTIVACIÓN DE PODER ELEVA LOS NIVELES DE TESTOSTERONA. Esto se refiere a lo mismo que anotamos antes, cuando un hombre tiene motivos para sentirse poderoso o la simple idea o posibilidad de que tenga poder dentro de su actividad diaria, ya sea familiar, social o laboral hace que su producción de testosterona se incremente, de ahí la importancia de que en su familia él hombre ocupe el lugar que le corresponde, el de cabeza del hogar, el de jefe de familia o el de Jefe en su trabajo en fin donde se desenvuelva ha de ocupar un sitio privilegiado o preferente para que su función hormonal masculina se encuentre en niveles elevados. Así vemos que ocurre también lo contrario, cuando un hombre ha ocupado puestos de poder o trabaja como jefe o directivo y de repente pierde ese rango o ese puesto quiera o no sus niveles de testosterona disminuirán y volvemos al punto de partida, su familia. Pues si ese hombre en su familia es el jefe de la casa eso lo ayudara a mantener sus niveles de testosterona a pesar de que en su trabajo su estatus caiga, manteniendo obviamente todas las funciones benéficas de tener presente niveles elevados de esta hormona, pero si en su familia no tiene ese lugar, difícilmente superara esta situación y cada vez se verá más afectado por esta disminución hormonal. Afectando todas las áreas en que esta hormona tiene efecto.

CON LA VEJEZ DISMINUYE LA CANTIDAD DE TESTOSTERONA. Lo mismo que el hipogonadismo, ya que de manera natural con la edad toda la función corporal tiende a disminuir de tal manera que lo más normal es que en la edad adulta los niveles de testosterona disminuyan pero, lo que actualmente sucede es que en hombres relativamente jóvenes aparece este fenómeno y cada vez es a menor edad que vemos disminución de la testosterona. Situación que agrava la problemática familiar cuando vemos que esto ocurre en un hombre cuarentón con una familia disfuncional y una esposa joven aun. Pues como veremos esta disminución se acompaña directamente de una disminución o incluso pérdida del apetito sexual y esto es parte fundamental de la problemática de pareja que nos ocupa.

EL SUEÑO MOR ELEVA LOS NIVELES DE TESTOSTERONA. El descanso normal y el sueño reparador son dos situaciones que elevan los niveles de testosterona en sangre porque dentro del sueño reparador existen periodos bien establecidos de un tipo de sueño que médicamente se llama MOR o REM por sus siglas en inglés y que quiere decir

(MOVIMIENTOS OCULARES RÁPIDOS) que consiste en periodos de tiempo en que la persona se encuentra más profundamente dormida que el resto del tiempo de sueño, que fácilmente podemos detectar porque si somos observadores, pues en estos momentos la persona mueve rápidamente sus ojos a pesar de encontrarse profundamente dormida de donde deriva también el nombre de sueño paradójico que se le da a estos periodos de sueño, normalmente estos periodos de sueño aparecen después de una hora y media o 90 minutos después de habernos dormido repitiéndose a lo largo de la noche aproximadamente cada 90 a 120 minutos siendo de duración variable según cada persona representando los episodios de sueño o mejor dicho, de ensueño normales, ocurriendo en estos momentos un incremento en la producción y liberación de testosterona, de lo que se deriva la importancia que tiene el sueño reparador para la vida en su conjunto pues mantener niveles elevados de testosterona es de lo más benéfico que puede tener un hombre en todos los aspectos de su vida y no solo en el aspecto físico sino también en el aspecto emocional el cual cada día es más importante, como estamos viendo.

EL EJERCICIO DE RESISTENCIA ELEVA LOS NIVELES DE TESTOSTERONA. Como el que se hace para correr un maratón por ejemplo, la actividad física sea cual fuere es una actividad que nos ayuda a mantener nuestra vitalidad, es lo más recomendable pues con el paso de los años es cada vez más necesario hacer alguna actividad física siendo todas benéficas pero, tratándose del tema que nos ocupa se ha demostrado que la actividad física consistente en ejercicio de resistencia llámese carrera de maratón, triatlón, pentatlón o decatlón, son las que más se asocian a estos incrementos, si los comparamos con lo que ocurre en otras actividades comunes veremos que la relación es más o menos parecida a la actividad que desarrolla un campesino pues en ellos la actividad física es siempre de resistencia, a eso se debe que en estos varones su actividad sexual se mantiene por más tiempo dado que sus niveles de testosterona son más elevados que los presentes en hombres con actividad física escasa o nula, de tal manera que si queremos incrementar nuestros niveles de testosterona y con ello conservar nuestra actividad sexual por más tiempo una recomendación seria hacer ejercicio de resistencia pues aunque no lleguemos a ser maratonistas si tendremos mayor vitalidad, estaremos más sanos y por lo mismo tendremos una actividad sexual más satisfactoria.

Ahora bien así como hemos visto, existen factores que incrementan los niveles de testosterona en sangre, es necesario saber qué condiciones o factores la disminuyen o hacen que esos niveles sean menores de lo normal y por lo tanto afecten de manera negativa la actividad sexual del varón pues solo sabiéndolo podremos en muchos casos evitarlas y así poco a poco mejorar nuestra calidad de vida en general o por lo menos descartar muchos factores que en un momento dado podrían explicar una gran cantidad de efectos aparentemente sin causa. Así tenemos los siguientes:

LA FALTA DE ZINC DISMINUYE LOS NIVELES DE TESTOSTERONA. El zinc es un elemento necesario en nuestro cuerpo para una gran variedad de funciones pero en lo que nos ocupa, es una sustancia necesaria para la síntesis de testosterona, de tal manera que si este elemento es escaso o falta en nuestro cuerpo una de las manifestaciones que dará es una disminución en los niveles de testosterona, con esto toda una gama de efectos relacionados con ella pero en especial una disminución severa de la libido, una disminución de la cantidad de espermatozoides y una disminución notable de la actividad sexual del varón.

LOS ANTI ANDROGÉNICOS. Como la MENTA disminuyen los niveles de testosterona. (Cigarros mentolados). Esta sustancia se ha demostrado es causante incluso de esterilidad en el varón, la razón es que su presencia se asocia con disminuciones severas de los niveles de testosterona, si sabemos que los niveles de testosterona deben ser adecuados para la correcta formación de espermatozoides podemos inferir que si la cantidad que tenemos de esta sustancia es baja, esto hará que su efecto sobre los testículos se reduzca y por lo tanto la formación de espermatozoides por parte de estas glándulas se vea disminuida o incluso cese, además de que en algunos casos la calidad de los espermatozoides del varón no es la adecuada, esto también influye de manera directa en su fertilidad pues la calidad de espermatozoides anormales debe ser la mejor ya que de su calidad dependerá también de manera directa su capacidad o posibilidad de que el hombre sea fértil. Con esto me refiero a que dentro de la cantidad total de espermatozoides que un varón fabrica y libera existe de manera normal un porcentaje de espermatozoides anormales que por supuesto son células que no serán capaces de conseguir un embarazo, siendo necesario que la mayoría de ellos. (más del 80%) del total sean normales para que un embarazo se produzca sin problemas, cuando el porcentaje de espermas anormales rebasa este valor la posibilidad de conseguir un embarazo se hace más difícil por razón natural de lo que deriva la importancia de producir espermas sanos o normales, para lo cual se requiere primero una integridad total de las estructuras que participan en su formación, después una función hormonal perfecta pues esta actividad es permanente y dado que la cantidad de espermatozoides que se producen cada día es muy elevada, de esta característica deriva la explicación de que no todos sean perfectos y siempre exista un porcentaje de espermatozoides anormales que de manera habitual no interfieren con la fertilidad siempre y cuando no rebasen el porcentaje que acabo de anotar.

A esto se debe que los cigarros mentolados se han asociado con esterilidad en el hombre idea fundamentada en lo que acabo de anotar.

La cantidad normal de testosterona en sangre en el hombre adulto sano es de 300 a 1200. (ng) nanogramos, por decilitro y en la mujer es de 30 a 95 ng/dl. Estos niveles se relacionan más que nada con el estado de salud de la persona pues la actividad hormonal del varón tiene una secreción prácticamente constante, no como en la mujer en que esta actividad es cíclica y tiene periodos de elevaciones y disminuciones muy marcadas sin que sean anormales sino por el contrario por su fisiología así deben ser, pero en el hombre la secreción de las hormonas sexuales por la hipófisis, que son las mismas que en la mujer, (la FSH y la LH) es constante, es decir no tiene elevaciones y disminuciones periódicas, estas son las que estimulan la formación y secreción de testosterona por los testículos y al mismo tiempo esto hace que la producción de espermatozoides también sea constante. A esto se debe que los niveles de testosterona son constantes también, derivando de esto que si su cantidad es por ejemplo de 300 ng (que es su límite inferior) esto nos hablara de que la salud de esa persona está ya minada en cierta forma y por el contrario si su cantidad de testosterona es de 1200. Ng. Nos indicara una producción adecuada de la misma y obviamente nos hablara de que la salud de ese hombre es mucho mejor que en el caso opuesto, ahora bien si vemos que también existe testosterona en la mujer, esto nos servirá para explicar también algunos de los cambios que ocurren en ella con el paso de los años como ya mencionamos paginas anteriores, esto debido a la presencia de esta hormona la cual en ella es secretada por las glándulas suprarrenales y aunque su cantidad es mucho menor que en el varón no por ello deja de ejercer efecto en el cuerpo de la mujer, sirva esto para decirles que la mujer típicamente femenina es lampiña incluso de las axilas donde también el vello aparece con el paso de los años representando solo una correcta función de sus glándulas suprarrenales.

LA DIABETES. Es una enfermedad cada día más frecuente, que afecta tanto a hombres como a mujeres, pero que hasta hace algunos años se presentaba en la edad adulta mayor, es decir en personas de 60 años o más pero que de hace algunos años a la fecha se presenta a edades menores cada día, de manera que ahora vemos hombres en la década de los 30 o incluso menos que ya presentan esta enfermedad y lo que ocurre es que esta patología al ser crónica y degenerativa poco a poco va minando la salud de la persona que la padece y en lo que nos ocupa esta enfermedad es la causante en el varón adulto que la padece de disfunción eréctil como ya vimos solo que cuando esta alteración aparece en el varón adulto mayor de 60 años, el efecto negativo de esta alteración ya no es tan drástico pues generalmente a esa edad ya la frecuencia de las relaciones sexuales es escasa, el problema aparece cuando se presenta este problema en el hombre joven que desea una actividad sexual normal o por lo menos esporádica y al verse afectado por esta enfermedad es como si tuviera ya más de sesenta años ocasionando una serie de problemas de todo tipo pues la función sexual es fundamental en el varón como hemos visto y si un hombre joven padece disfunción eréctil esto afectara sobremanera su hombría, con ello su carácter, su estado de ánimo, su trabajo, su familia etc. A eso se debe que actualmente la venta de medicamentos para este problema sea tan alta resolviendo esta problemática solo en parte pues no es un remedio permanente y cada vez que se desee tener relaciones se tendrá que recurrir a estos fármacos lo que conlleva en ocasiones a su abuso, con ello la presencia de efectos secundaria propios de los mismos, efectos a veces fatales. La diabetes aunque afecta a hombres y mujeres tiene la característica que hablando de la función sexual afecta mucho más al varón puesto que sin erección simple y sencillamente no hay relación, en cambio en la mujer esta función aunque corresponde a la turgencia, lubricación vaginal y "erección del clítoris" no es fundamental para una relación sexual variando solo la calidad del acto sexual y del orgasmo si nos ocupamos de ello aunque esta situación pasa desapercibida, incluso en condiciones normales así que si la mujer padece diabetes no le afectara tanto en su inicio como al hombre. La disfunción eréctil en el varón con diabetes se debe a una manifestación propia de esa enfermedad que es la afectación a los vasos sanguíneos llamada (antipatía diabética) es decir la afectación de los vasos sanguíneos, los cuales, se obstruyen y afectan directamente la cantidad de sangre que llega a muchos órganos, en lo que nos ocupa, afecta la circulación del pene, dificultando primero y posteriormente bloqueando la erección, obviamente esta alteración es dependiente del control que el enfermo tenga de su diabetes pues si su control, es totalmente adecuado esta alteración se tardara en aparecer pero si el control es inadecuado o deficiente, la disfunción eréctil se presentara más rápidamente, siendo esta una más de las razones por las cuales los médicos insistimos tanto en el adecuado control de la diabetes.

LA OBESIDAD DISMINUYE LOS NIVELES DE TESTOSTERONA. Esto se relaciona directamente con las patología que la acompañan en especial la diabetes con la cual tiene relación directa pues el sobrepeso y la obesidad cursan normalmente con niveles elevados de glucosa en sangre ocurriendo en primer lugar sobrepeso y posteriormente obesidad ya sea leve, moderada o (grave o mórbida) como médicamente se denomina la obesidad exagerada que ya causa dificultades serias para llevar una vida normal, que desgraciadamente cada vez es más frecuente. Así vemos que una persona antes de ser diabética cursa con grados diversos de sobrepeso u obesidad de tal manera que la relación entre estas dos entidades es definitivamente directa. La obesidad tiene además relación con alteraciones hormonales del tipo síndrome adrenogenital o de Cushing patologías que se relacionan directamente con obesidad, diabetes y disfunción sexual, debido a que una pequeña parte de la testosterona circulante en el hombre es producida por las glándulas suprarrenales y al estar alterada su función una de las manifestaciones es la diminución en la cantidad de testosterona sintetizada por ellas, lo cual a la larga sí afecta el nivel total de esta hormona produciéndose la disminución de que hablamos.

A la disminución de los niveles de testosterona se le llama también andropausia, pudiéndose prevenir o por lo menos retrasar su aparición mediante las siguientes medidas:

EVITAR EL SEDENTARISMO. El sedentarismo se asocia con niveles bajos de testosterona porque como ya vimos la actividad física, más la de resistencia o intensa estimulan la producción de esta hormona de tal manera que lo contrario ocurrirá cuando la persona no hace ejercicio o su actividad física es escasa o nula, desgraciadamente nuestro estilo de vida actual se asocia más con el sedentarismo siendo esta una de las múltiples causas de niveles bajos de testosterona que el hombre actual presenta, con todas las manifestaciones que esta disminución conlleva.

BAJA INGESTA DE ARROZ, TOMATE, SOYA, MAÍZ Y AVENA. Estos son alimentos que favorecen la producción de testosterona por su contenido de Zinc, que como ya vimos es un elemento necesario para la síntesis de testosterona, de tal manera que en nuestra dieta no pueden faltar pues si no son consumidos veremos que la cantidad de testosterona en sangre tiende a disminuir a causa de la falta de los nutrientes necesarios que se requieren para la producción de la mismos, si vemos además éstos, son alimentos del todo comunes que pueden conseguirse en cualquier lugar y fácilmente encontraremos la alcance de nuestras manos.

EVITAR EL ALCOHOL, TABACO Y DROGAS. El alcoholismo al ser una enfermedad al igual que muchas, lo que ocasiona es una disminución en múltiples funciones orgánicas y la función sexual no puede ser la excepción. De tal manera que un paciente alcohólico cursara con disminución de sus niveles de testosterona en la medida que esta adición afecte su salud, lo que ocurre al paso del tiempo pues la afectación metabólica del alcohol nunca es inicial, es hasta que esta alteración metabólica afecta el metabolismo de la testosterona, que sus niveles disminuyen.

El tabaco disminuye los niveles de testosterona por la siguiente razón. Uno de los efectos directos del tabaco es la vasoconstricción como ya sabemos, siendo esta vasoconstricción, más patente en algunos órganos como los pulmones por ejemplo, de ahí los demás órganos y sistemas como la piel y el aparato genital masculino afectando de manera directa a los testículos, con ello la producción de testosterona de manera que así como vimos en párrafos anteriores que los cigarros mentolados se asocian con esterilidad el humo de tabaco por la presencia de la nicotina se asocia siempre con disminuciones de la testosterona siendo esto directamente proporcional a la cantidad de cigarrillos fumados al día de tal manera que a mayor cantidad de cigarros fumados por día mayor disminución de testosterona.

CULTIVAR ALGÚN HOBBY ESTIMULA LA PRODUCCIÓN DE TESTOSTERONA. Las actividades relajantes tienen la propiedad de estimular la función sexual masculina aunque creo yo todas las funciones pues un cuerpo tranquilo y relajado siempre funcionara mejor pues si hablamos del estrés, esta es la patología que más daño causa tanto al hombre como a la mujer así que debemos tener siempre o por lo menos en la medida de lo posible algún pasatiempo no importa cuál sea obviamente si es uno que demande actividad física mejor, pero si solo es una actividad relajante también ayudara a que nuestros nieves de testosterona en sangre sean adecuados o por lo menos no disminuyan antes de tiempo es decir antes de la edad adulta madura.

Estas causas de disminución de testosterona son de vital importancia en la vida del hombre pues se relacionan directamente con su actividad sexual de lo que debemos saber los siguiente.

LA SEXUALIDAD EN EL ADULTO MAYOR

Respecto de LA SEXUALIDAD EN EL ADULTO MAYOR. Se sabe que de los varones de 90 años y más, menos del 15% aún tiene relaciones sexuales, en cambio en hombres en la séptima década de vida el 75% las tiene.

Normalmente la testosterona empieza a disminuir en el varón a partir de los 55 años, pero la producción de espermas disminuye desde los 40 años, apareciendo síntomas como: Erecciones lentas, necesidad de mayor estimulo, aumento del periodo refractario y eyaculación tardada y escasa.

Por esta hormona (la testosterona) es que el hombre tiene un mayor deseo sexual, si la frecuencia de las relaciones era elevada y posteriormente esas disminuyen la función de la testosterona es hacer que esta frecuencia se recupere y vuelva a ser como era anteriormente.

Como dato curioso pero que explica esto que acabo de anotar, se ha encontrado en algunos estudios que el adolescente varón se masturba una vez al día, las mujeres adolescentes solo dos veces por semana, esto solo representa una secreción mayor de testosterona en el varón pues al ser la hormona de la libido es fácil suponer que una mayor cantidad de ella producirá un deseo sexual más intenso o frecuente lo que en el hombre se manifiesta como la necesidad de tener relaciones sexuales o de masturbarse frecuentemente, como una medida de satisfacer esa necesidad producida por esta hormona, de igual manera se entenderá que la mujer al tener niveles menores de testosterona no tiene la misma intensidad de deseo sexual y por lo tanto su necesidad de relaciones sexuales o de masturbarse será menor.

EL ESTRÉS FÍSICO O MENTAL DISMINUYE LOS NIVELES DE TESTOSTERONA. El estrés, esa alteración tan común en nuestros días y que va en aumento a cada momento es la causante principal de un sin número de enfermedades, si nos ocupamos de la función sexual veremos que esta es una de las funciones más afectadas por el estrés pues está plenamente demostrado que una persona estresada o que vive con mucho estrés sufre una disfunción sexual desde leve hasta grave dependiendo del grado de estrés que padezca, de la presencia o no de patología concomitante y de su salud en general, siendo la afectación sexual una alteración de primordial importancia debemos saber que aunque existen diversas maneras y técnicas de manejo del estrés verdaderamente es difícil manejar éste pues depende de muchas circunstancias, solo como ejemplo podría mencionarles que si una persona esta estresada por la falta de dinero, por muchas y muy efectivas técnicas de manejo del estrés que conozca o incluso que domine, este no se aliviara y menos desaparecerá mientras esta persona no resuelva su problema económico así de simple, de manera tal que si el estrés persiste o simplemente está presente lo conducente es resolver eso que lo está causando pues solo así podrá el hombre eliminar ese factor, situación que desde mi punto de vista, creo yo no es nada fácil pues así como se estresa el hombre que no tiene que comer sucede lo mismo con el que tiene mucho dinero en un mundo donde la inseguridad ha aumentado a grados de verdad alarmantes, situación que afecta la tranquilidad de gente adinerada que es objeto de secuestros, robos, extorsión, amenazas, etc.

Así vemos que el solo hecho de vivir en el mundo actual es una situación estresante que conduce a una infinidad de enfermedades como la diabetes, hipertensión, obesidad, etc. Pero ocupándonos de la actividad sexual vemos que el estrés bloquea la libido en diferente grado llegando a bloquearla por completo con todas las repercusiones que esto conlleva, apareciendo nuevamente lo que anote en capítulos anteriores, un círculo vicioso formado por, (disfunción sexual - estrés- más disfunción sexual - más estrés) y así continuara éste ocasionando cada vez más y más deterioro a todo nivel, de ahí la importancia de corregir lo que si podemos remediar. La función sexual del hombre que en este caso nos ocupa, de lo cual me ocupare más adelante, antes veamos otras alteraciones que la falta de actividad sexual trae como consecuencia.

LA FALTA DE RELACIONES SEXUALES CONGESTIONA LOS TESTÍCULOS Y LA PELVIS EN EL VARÓN. Como sabemos la producción hormonal del varón no se detiene, de la misma manera la producción de espermas pues al ser constante el estímulo hormonal la producción espermática será igual, ocurriendo que al tratarse esta formación de una función de secreción externa (esto quiere decir que debe eliminarse del organismo) pues su efecto solo lo ejercerá en el exterior, para esto se requiere de manera normal de las relaciones sexuales. Ocurriendo que cuando un hombre no tiene actividad sexual esta secreción simple y sencillamente se acumula en su interior además de la secreción del líquido prostático que acompaña al semen normal, lo mismo que la secreción de unos órganos llamados vesículas seminales y las glándulas vulbouretrales, siendo todos ellos material formado por el aparato genital masculino que deben ser expulsados con la eyaculación la cual deberá ser hasta cierto punto frecuente obviamente variando solo según la edad en condiciones normales pero sea mucho o poco frecuente la eyaculación estas secreciones se producen y si no son expulsadas del cuerpo del hombre, ejercerán un efecto inflamatorio pues sus características en general las hacen irritantes para los tejidos siendo por ello necesario que se expulsen, cuando esto no ocurre se presenta en el varón un efecto consistente en molestias que experimentara como una inflamación de la región pélvica que se acompañara de dolor y de molestias para orinar normalmente. Cosa que no afecta en gran medida, siempre y cuando se trate de una o hasta pocas ocasiones pero, si esta alteración se presenta con mayor frecuencia o se hace constante esta inflación ahora producirá daños mayores variando solo en intensidad y gravedad llevando incluso a ser un factor desencadenante de cáncer de próstata. Patología que actualmente también va en aumento al igual que el cáncer de mama en la mujer relacionándose directamente con la falta de actividad sexual que presenta el varón en la actualidad, que es también otro objetivo de este libro, disminuir por lo menos la frecuencia de esta patología tan devastadora como cualquier otro tipo de cáncer.

En algunos estudios se ha reportado que la disminución de testosterona aumenta la incidencia de cáncer de próstata y de ataques al corazón. Razón por la cual insisto en que como varones, debemos ocuparnos en tener siempre una vida sexual plena, frecuente y satisfactoria, pues los beneficios que aporta ésta son tan importantes y sobre todo benéficos que, por lo mismo los mencionare a continuación.

Una vida sexual plena, frecuente y placentera nos otorga los siguientes beneficios.

BENEFICIOS DE UNA VIDA SEXUAL PLENA

FORTALECE LA INMUNIDAD. Función fundamental para hacer frente a las enfermedades comunes y evitar la aparición de enfermedades desde las más leves hasta las más graves o tan graves como el cáncer, pues este se produce cuando la inmunidad normal de la persona se deteriora o disminuye tanto que ya no elimina las células malas o cancerígenas que siempre se producen, de esta manera estas proliferan dando lugar a esta patología, de tal forma que una persona con un sistema inmune eficiente, sano y competente nunca o casi nunca desarrollara un cáncer sucediendo lo contrario cuando el sistema inmune es insuficiente, enfermo o incompetente. Este simple hecho sería suficiente para que nuestro objetivo sea mantener una actividad sexual óptima.

PREVIENE ATAQUES AL CORAZÓN. Esto sucede gracias a que una de las funciones de una actividad sexual óptima, es un correcto metabolismo de las grasas, si sabemos que estas son la causa principal de trombos, con ello de infartos de miocardio, es fácil deducir que si su presencia es normal no aparecerá un evento como estos o serán muy raras las alteraciones en el metabolismo de los lípidos y por lo tanto la propensión a trombos, placas de ateroma y de infartos, se reducirá considerablemente.

COMBATE LA DEPRESIÓN. La presencia de testosterona en la sangre del varón combate de manera natural y fisiológica la aparición de depresión situación clínica relacionada con un sin fin de enfermedades desde las más comunes hasta las más graves. De las cuales nuevamente tenemos que mencionar al cáncer obviamente de cualquier tipo, desgraciadamente esta depresión es muy difícil de diagnosticar pues puede enmascararse de diversas formas llamándose por esto la gran simuladora y requiriendo por lo mismo de médicos muy avezados en su diagnóstico y tratamiento para que no cause más daños de los que de por si causa o podría causar, relacionándose también de manera directa con el estrés. Situación clínica cada día más frecuente como estamos viendo y casi inevitable por las condiciones de vida en que nos encontramos actualmente, tanto que, podríamos decir que el estrés es parte integrante de nuestra vida diaria, que a la larga será el causante de, gastritis, colitis, etc. En fin una enorme cantidades de enfermedades causadas por el estrés de tal manera que si nuestros niveles de testosterona y con ellos nuestra actividad sexual, frecuente y placentera, podremos soportar la presencia de este estrés pero si no tenemos niveles adecuadas de esta hormona este estrés nos afectara más frecuente y severamente causando la patología que acabo de anotar.

ESTIMULA LA MEMORIA. La testosterona tiene la facultad de facilitar los circuitos neuronales, con ellos la facultad de gravar o sea de memorizar, efecto que se da porque al estar presente y ser sus niveles adecuados, toda la secreción de sustancias neurotransmisoras del cerebro, se mantienen en perfecta cantidad con lo que la función cerebral será normal o se mantendrá mientras esta hormona se encuentre presente.

La presencia de esta hormona en cantidades adecuadas se relaciona con una memoria brillante y su carencia o disminución, con la pérdida o falta de memoria, a esto se debe que la enfermedad de Alzheimer sea frecuente en el varón a edades avanzadas es decir cuando sus niveles normalmente disminuyen, esto desgraciadamente es la razón por la cual en nuestros días la presencia de la enfermedad de Alzheimer se presenta a edades más tempranas relacionando obviamente con niveles bajos de esta hormona.

ELEVA LA AUTOESTIMA. Situación tan necesaria en nuestros días, más en el varón pues es realmente necesario que el hombre posea una autoestima elevada prácticamente para todos los actos de su vida, desde la convivencia familiar, hasta la más difícil relación laboral o en la sociedad pues un hombre con baja autoestima está prácticamente condenado a sufrir una infinidad de adversidades pues será objeto de múltiples vejaciones, ofensas, burlas en fin todo lo que podamos imaginar dado que será un hombre apocado, tímido, temeroso, nervioso, del que todos se aprovecharan.

Por el contrario un hombre con una autoestima elevada será todo lo contrario, notándose esto desde su manera de caminar, su mirada, su sonrisa y muchos otros detalles que por sí solos le harán más atractivo o harán que él se sienta más atractivo, esto le dará mucho más seguridad en lo que emprenda o haga atrayendo fácilmente a individuos del mismo u opuesto sexo, pues será un hombre carismático, en fin un hombre confiado en que la vida lo trata o tratara mejor que a muchos otros, esto solo porque su estima es elevada, veremos así que ese hombre al tener adecuados niveles de testosterona tendrá una actividad sexual normal y completa pues la función hormonal de este varón será la correcta.

ADELGAZA. Cosa rara, la simple presencia de niveles adecuados de testosterona ayuda al organismo a mantenerse delgado pues al tener un metabolismo correcto de las grasas eso hará que no se acumulen o será más difícil que esto ocurra ayudando con esto a mantenerse delgado situación cada día más difícil pues nuestros hábitos alimenticios son erróneos, por esto cada día vemos más gente obesa o con problemas de sobrepeso por lo menos, con ello toda la patología relacionada con el sobrepeso y la obesidad, siendo la testosterona una hormona anabólica lo que hace es estimular un correcto metabolismo del organismo, con él un balance correcto entre ingesta y uso de los nutrientes, siendo más fácil así mantenerse delgado, además de que un hombre con una vida sexual activa, frecuente y placentera, será siempre un hombre con mucha mayor vitalidad, por lo tanto físicamente activo evitando el sedentarismo, con ello el sobrepeso y la obesidad, manteniendo más y mejor su cuerpo pues se preocupara más por su alimentación o por lo menos no se descuidara como ocurre comúnmente.

REJUVENECE. El metabolismo normal consiste en usar todo lo que ingerimos completamente es decir sin dejar residuos que en la mayoría de los casos serán peligrosos o por lo menos acumulables, con el tiempo también peligrosos. Así vemos que nuestro cuerpo se renueva constantemente, tenemos una gran cantidad de células que forman tejidos que se renuevan a una velocidad a veces increíble por ejemplo, hay células en nuestra sangre que se renuevan cada 10 horas, es decir que cada 10 horas tenemos en nuestra sangre células nuevas todos los días, de esto podemos inferir la gran capacidad que tiene nuestro organismo para renovarse cada día. Ocurre lo mismo con el epitelio intestinal el cual se renueva cada 3 días y nuestra piel es prácticamente nueva cada 2 meses.

De esto ahora podemos entender que si la testosterona rejuvenece se debe a que teniendo un metabolismo normal, nos estaremos renovando constantemente, con esto viéndonos cada día más jóvenes pues nuestra piel que ya de por si se renueva ahora lo hará más rápido pero sobre todo, esta renovación se llevara cabo con células de mejor calidad dándonos una apariencia de ser mucho más jóvenes de lo que ocurriría si no nos renovamos bien, hablando solo del aspecto exterior pero si recordamos que todas nuestras células se renuevan cada determinado tiempo resultara que en general seremos cada día más jóvenes, por dentro y por fuera si mantenemos nuestra actividad sexual lo mejor posible pues con ello nuestros niveles hormonales serán correctos.

La causa del envejecimiento "normal" que experimentamos los humanos se debe a la formación y acumulación de unas sustancias llamadas radicales libres y que vamos a revisar para entender mejor este aspecto en particular.

Cada día esos famosos radicales libres que día y noche producimos, no son más que el oxígeno que respiramos, con el que vivimos pero que desgraciadamente al pasar el tiempo ya no usamos adecuadamente, que por esta razón se transforma en estos radicales libres así llamados en la terminología médica, que tienen la particularidad de dañar todos los tejidos donde se encuentren, así pueden dañar cada una de nuestras células, con los que nos avejentáremos cada día siendo esto notorio fácilmente en la piel, en nuestras articulaciones y en general en nuestra vitalidad. De ahí la importancia que tiene funcionar bien para vernos más jóvenes cada día los que ya somos adultos y para mantenerse jóvenes más tiempo los que aún lo son, dígame usted si no todos buscamos vernos más jóvenes sin que sea vanidad el simple hecho de aparentar menos edad de la que cronológicamente tengamos, además de que es muy satisfactorio y estimulante el que nos diga la gente que aparentamos menos edad de la que tenemos o que nos vemos muy jóvenes para nuestra edad y Escuchar de la gente ese comentario tan buscado. (No aparentas tener la edad que dices, te ves mucho más joven, o aparenta usted menos edad en fin) de ahí la importancia de mantener adecuados niveles de la hormona masculina por excelencia. La testosterona.

ELEVA EL UMBRAL AL DOLOR. La presencia de niveles elevados de testosterona y por ende, una actividad sexual frecuente y placentera, se asocia con un incremento en lo que llamamos umbral al dolor. Este umbral se define como el punto en el cual un hombre percibe la sensación de dolor, así vemos que existen personas que sienten demasiado dolor y otras que casi no perciben esta sensación. Bueno pues esto es precisamente el umbral al dolor, lo que quiere decir que existen personas que para sentir dolor deben tener un estímulo doloroso demasiado intenso y otras con un estímulo doloroso leve perciben este síntoma, de ahí partiremos para explicar que los hombres con niveles adecuado de testosterona, con una vida sexual activa, frecuente y placentera tienen niveles elevados o por lo menos normales de testosterona, por esta razón su sensibilidad al dolor es muy elevada es decir que soportan estímulos dolorosos sin experimentar la sensación desagradable que es el dolor y por el contrario, personas con niveles disminuidos de esta hormona a causa de una vida sexual escasa o nula percibirán demasiado dolor o dicho en otros términos, en esta persona, estímulos dolorosos leves o mínimos desencadenaran esta sensación de manera intensa y si de sentir molestias o dolor como síntoma predominante se trata debo comentarles que este síntoma es el motivo número uno de consultas al médico pues es el síntoma que más preocupa o afecta la salud del individuo por lo que cualquier persona que experimenta dolor acudirá al médico sin importar la hora o la distancia, de ahí la importancia de saber que una vida sexual activa, frecuente y placentera nos permite vivir sin experimentar este síntoma tan desagradable de manera común como ocurre cada vez más pues ahora la gente se queja de dolor más frecuentemente que antes, esto explica la gran cantidad de fármacos para mitigarlo que se ingieren día a día como anotamos en páginas anteriores.

PROVEE ESTABILIDAD EMOCIONAL. Todos necesitamos tener una estabilidad emocional óptima pues las presiones del mundo actual nos hacen perder esta estabilidad a cada momento, esto genera muchas alteraciones no solo de carácter sino también físicas, manifestándose como ira, enojo, resentimiento, miedo, tristeza, etc. en fin las manifestaciones son muchas y muy variadas, todo ello tiene relación con nuestra estabilidad emocional, la cual cuando es afectada, se pierde y además de lo que ahora sentimos, dejamos de sentir otras sensaciones o emociones que son placenteras y sobre todo necesarias, como el amor, el placer, la felicidad la esperanza, la ilusión, en fin lo que nos hace vivir y vivir bien, de ahí la importancia de que como varones nuestra estabilidad emocional sea un objetivo importante de nuestra vida, a esto contribuye de manera preponderante la cantidad de testosterona que circula por nuestro cuerpo pues su presencia nos hace mantener esta estabilidad emocional fácilmente. Dado por la vida sexual que tendremos en este caso la cual mejora todos los aspectos de la vida incluyendo este.

MEJORA LAS RELACIONES INTERPERSONALES. Obviamente un hombre con una autoestima elevada, con una apariencia más joven, con una estabilidad emocional envidiable, con un estado de buen humor permanente, con un metabolismo normal, delgado, que duerme bien, que siempre se levanta con el pie derecho, que sonríe, que muestra seguridad, etc. Etc. Es un hombre con quien cualquier otra persona querrá estar, es un hombre agradable con una conversación amena, con un carisma especial, todo esto obviamente, hará que sus relaciones interpersonales sean óptimas, abundantes y sanas o muy sanas pues irradia todo eso que hace de las relaciones interpersonales algo tan especial, por lo mismo tan difícil si no tenemos todos los beneficios que una actividad sexual placentera y frecuente nos da, por esta razón ahora agregamos una más para ocuparnos de tener una actividad sexual plena, placentera y frecuente pues recordemos que los humanos somos seres sociales es decir que debemos vivir en sociedad, nunca aislados del mundo pues ello será el equivalente a estar muertos. Debemos vivir por lo tanto en sociedad sin importar de qué sociedad se trate, recordemos para esto que el hombre es el animal más adaptable que existe, de manera que no hay pretexto para adaptarnos a cualquier tipo de ambiente.

NOS HACE SENTIR MÁS ATRACTIVOS Y QUERIDOS. Un hombre que tiene una autoestima elevada sin lugar a dudas se siente más atractivo y querido pues sabrá que se lo merece todo, recuerde usted que nuestros sentimientos atraen a sus semejantes así que el sentirnos atractivos nos hará por supuesto atractivos, el sentirnos queridos hará que nos quieran esa es una ley universal como sabemos, por lo tanto no falla jamás así que ocupémonos en mantener nuestra vida sexual activa el mayor tiempo posible, pues eso hará por si solo que nuestro entorno sea cada día, más positivo haciendo que nos sintamos cada día mejor.

Una vida sexual plena frecuente y satisfactoria NOS HACE MÁS OPTIMISTAS. un hombre que diario se levanta con el pie derecho por supuesto que será más optimista, pensara que todo lo que ocurre es bueno y nuevamente recurro a la ley universal de que lo semejante se atrae así que si pensamos positivamente todo lo que ocurrirá será positivo, por lo tanto bueno para nosotros. Además de que un hombre positivo inspirara más confianza, será más seguro, casi nada le afectara pues a todo le vera el lado bueno casi sin importar lo que sea, este beneficio es aún más importante para la familia pues imagine usted que familia formara o tendrá un padre optimista, obviamente una familia unida, feliz, con un mundo de ilusiones que poco a poco se harán realidad pero sobre todo una familia que compartirá un sentimiento de felicidad envidiable, esto no es una utopía es algo real que solo requiere que el hombre de la casa sea un hombre pleno, optimista, seguro, estable emocionalmente, alegre y por lo tanto feliz.

EL SEXO. REDUCE LA ANSIEDAD. La ansiedad es un miedo inexplicable, es un miedo a algo que desconocemos, desgraciadamente es una manifestación común de las personas en la actualidad y aunque afecta más a las mujeres no deja de ser una alteración también en el hombre, es la manifestación de una inestabilidad emocional o de una deficiencia en diversas sustancias neurotransmisoras dentro del sistema nervioso central lo cual genera esa sensación inexplicable de miedo sin saber a qué. Patología que a la larga causa más alteraciones, todas ellas serias pues afecta en su conjunto nuestro comportamiento, y con el nuestra vida en sociedad, produce o nos lleva al aislamiento, y la depresión degenerando posteriormente en un sin fin de enfermedades desde las más leves hasta las más graves.

La ansiedad es motivo de ingesta de un sin fin de medicamentos en busca de su alivio desde los más simples hasta los más potentes, por lo mismo agresivos, como las anfetaminas por ejemplo o las drogas que usted quiera mencionar, desgraciadamente sin una solución palpable pues este problema manejado así solo se agrava, pues no está siendo tratado el problema de fondo, es decir no se estará tratando el origen de la enfermedad sino solo su manifestación, de ahí todo lo que puede desencadenar será grave.

De manera que una actividad sexual plena, nos ayuda a evitar la ansiedad pues si recordamos, una de las hormonas que se libera en las relaciones sexuales plenas es la oxitocina y esta hormona es la más potente sustancia contra la ansiedad, ninguna otra sustancia tiene ni su efecto y menos su potencia para evitar esta alteración. Así que el remedio de la ansiedad más efectivo, sobre todo natural será una actividad sexual plena, satisfactoria y por supuesto frecuente pues no basta una vez al mes sino que a mayor frecuencia mayor efecto.

HIDRATA LA PIEL. Ya sabemos que la actividad hormonal normal estimula la renovación de todas las células que constituyen nuestro cuerpo, sabiendo esto es fácil suponer o entender que nuestra piel será de mejor calidad, esto implica que nuestra piel se encuentre perfectamente hidratada pues al tener un metabolismo normal o incluso mejor de lo normal nuestra piel se mostrará hidratada, con una apariencia más joven en su tersura y calidad.

ENGRUESA EL CABELLO Y LO HACE MÁS FUERTE Y BRILLANTE. Es un hecho que el varón tiene un cabello más grueso, por lo tanto más resistente y brillante que la mujer, esto se debe a la actividad de la hormona masculina por excelencia la testosterona pues uno de sus efectos es estimular precisamente el crecimiento del cabello, de lo cual se deriva una mejor calidad del mismo, así que si nuestros niveles de testosterona son adecuados o elevados nuestro cabello será más grueso, resistente y brillante, siendo este uno de los datos más notorios de una salud normal lo mismo que la piel como acabamos de ver.

OXIGENA EL CUERPO. Esto es consecuencia del incremento de la actividad metabólica que ocasiona la presencia de testosterona a todo nivel siendo la función pulmonar una de estas funciones de manera que el estímulo hacia los pulmones es aumentar la ventilación de los mismos, aumentar la frecuencia respiratoria por minuto haciendo que la cantidad de oxigeno que ingresa a los pulmones aumente fácilmente hasta el doble en los momentos de actividad sexual, con ello la cantidad de oxigeno que absorbemos se incrementa, por consecuencia llega mayor cantidad de él a todos los tejidos aumentando la oxigenación tisular, si recordamos que el oxígeno es indispensable para la vida, debemos darle a este efecto de la actividad sexual una importancia fundamental pues si la oxigenación celular es normal prácticamente estamos asegurando nuestra vida y una muy buena salud.

UNA RELACIÓN SEXUAL QUEMA ENTRE 100 A 200 CALORÍAS. Lo que equivale a una caminata de 20 minutos. Un efecto benéfico más de la actividad sexual es que nos hace gastar calorías, con ello perder peso, por supuesto que la actividad sexual es una excelente manera de perder peso pues cada relación sexual requiere mucha energía para llevarse a cabo, por ello es que en páginas anteriores mencione que las relaciones sexuales deben llevarse a cabo cuando estamos descansados, es decir cuando tenemos las energías suficientes para llevarlas a cabo pues cada una de ellas requieren de mucha energía para ser satisfactorias si no, de otro modo estas serán deficientes y su efecto benéfico además de perderse generara reacciones desagradables que en vez de mejorar la relación de pareja, darán al traste con ella, todo motivado por una baja de energía o falta de energía por parte del hombre en el momento de hacer el amor, pero si todo ello está resuelto y las relaciones sexuales son normales y óptimas, recuerde usted que cada una de ellas equivale a una caminata de 20 minutos es decir que es lo mismo que usted haga ejercicio al aire libre como se recomienda para todo adulto sano que hacer el amor, más si ya está enfermo o presenta alteraciones de cualquier tipo que pueden degenerar en enfermedades.

La actividad sexual frecuente. PREVIENE LA OSTEOPOROSIS. Un efecto benéfico más de una vida sexual satisfactoria es que previene la osteoporosis, efecto fácil de entender una vez que sabemos que tiene sobre todo efectos que hacen que nuestro cuerpo funcione mejor, que nuestro metabolismo sea más eficiente y por lo tanto veremos que el metabolismo del calcio, el cual es el responsable de la aparición de la osteoporosis, se mantenga durante mucho tiempo más, retrasando en este caso la aparición de osteoporosis, con ello la sensación de bienestar que nos da una actividad metabólica mejor en la edad adulta mayor.

COMBATE LA CELULITIS. Efecto que se relaciona directamente con esa apariencia de menor edad a la real que nos da una función sexual normal pues la celulitis es también la manifestación de un deterioro en el metabolismo de los lípidos dado por la edad ya que de manera normal, lo común es que al paso del tiempo el metabolismo en general se deteriore, en este caso es esto lo que ocurre con el metabolismo de los lípidos el cual hace que estos se acumulen de manera anormal en el tejido subcutáneo de determinadas áreas del cuerpo (principalmente en los muslos) dando esa apariencia de piel de naranja tan famosa, que representa acúmulos de lípidos, que afectan la estética de manera importante.

PREVIENE LA CARIES, Este benéfico efecto puede ser difícil de creer y sin embargo sucede siendo la razón de ello que toda relación sexual se acompaña de besos, cosa que estimula nuestra secreción de saliva la cual tiene la función de limpiar la dentadura dentro de otras, evitando con ello los depósitos de carbohidratos que ocasionan el desgaste del esmalte protector de la dentadura apareciendo por ello las caries.

Así que hasta ese grado llegan los efectos benéficos de una vida sexual plena, satisfactoria y frecuente, de ahí mi insistencia en mantenerla a toda costa incluso hasta los últimos dias de nuestra vida.

Ahora bien, para llevar cabo relaciones sexuales plenas, normales y frecuentes, habrá que saber que éstas tienen determinadas características que vamos a describir brevemente para entender mejor como es que éstas deberían llevarse a cabo. Así vemos que la relación sexual tiene varias fases, que de no llevarse cabo la relación sexual pierde gran parte de su cometido. Así que veamos cuales son estas CUATRO FASES DE LA RELACIÓN SEXUAL, siendo estas: DESEO, EXCITACIÓN, ORGASMO Y RESOLUCIÓN.

FASES DE LA RELACIÓN SEXUAL

La primera de estas, EL DESEO, ocurre por la presencia de testosterona como ya vimos la cual es la hormona responsable de ese deseo sexual llamado libido, que está presente de manera más intensa en el hombre por sus niveles mayores de esta hormona, requiriendo solo de algún estimulo como, que haga que se libere esta sustancia y desencadene ese deseo sexual tan importante para la relación pues sin deseo no hay acto sexual.

La segunda es la fase del acto sexual se llama de EXCITACIÓN la cual es causada por la liberación de todas esas sustancias que mencionamos cuando vimos la fisiología de la erección, esta excitación será mayor cuanto mayor sea la liberación de estas sustancias y más duradera su secreción pues la dificultad para mantener la erección es una de las alteraciones más frecuentes e importantes del acto sexual pues sin erección simple y sencillamente no existe relación sexual. Manifestándose esta fase por la potencia de la erección en el hombre y una lubricación abundante en la mujer.

Esta fase me es más fácil entenderla como el tiempo que dura erecto el pene y en la mujer la cantidad de lubricación vaginal que alcanza. De manera que es el tiempo tal vez más importante pues si la erección se mantiene durante varios minutos, la lubricación se mantiene y es abundante, la estimulación sexual de ambos será óptima y poco a poco ambos se aproximaran a la tercera fase que es prácticamente la más importante de toda relación sexual.

La tercera fase. Es EL ORGASMO, esta fase es la explosión que ocurre en todos los sentidos hablando de estimulación pues en este momento en el hombre se produce la eyaculación y en la mujer se presentan todos los efectos que anotamos cuando hablamos de la liberación de las hormonas en el acto sexual, siendo el momento cumbre de la relación sexual, por lo tanto el objetivo primordial de ésta, solo habrá que tener siempre presente el hecho de que al hombre le es demasiado fácil llegar a él mientras que a la mujer no, situación dada por la fisiología propia de cada uno de ellos, pues en el varón la función sexual se comporta como una estimulación en picos y valles de muy corta duración, además de que en el varón el orgasmo es demasiado corto y su repetición difícil, más aún a medida que la edad del hombre avanza. Mientras que en la mujer el orgasmo tienen un comportamiento llamado en meseta el cual es muy difícil de alcanzar pero que una vez alcanzado se mantiene y que puede presentarse como orgasmos múltiples, cada vez más intensos, de muy larga duración si los comparamos con los del hombre, por lo que una vez alcanzado el orgasmo femenino la sensación de placer de la mujer es incomparable pues este se extiende por un tiempo considerable sin disminuir su intensidad sino por el contrario alcanzando niveles de verdad insospechados de placer además de que el orgasmo femenino tiene un final gradual sin dejar de ser placentero, cosa que no ocurre con el hombre el cual una vez alcanzado el orgasmo lo común es que desaparezca la erección con la consecuente terminación del placer que da la eyaculación, situación que se presenta más comúnmente si la mujer no ha alcanzado su orgasmo, pues cuando coinciden ambos orgasmos de manera natural, la erección del pene se mantiene un tiempo mayor lo que le da aun mayor placer a la mujer ocurriendo lo mismo con el varón, de lo cual se deriva el consejo de procurar siempre en una relación sexual el que la mujer llegue primero a experimentar su orgasmo pues esto hará increíblemente placentera la relación para ambos. Continuando posteriormente de manera natural con.

La cuarta fase de la relación sexual. Llamada de RESOLUCIÓN. Es la que se presenta una vez alcanzado el orgasmo siendo ésta una condición pues sin orgasmo no existe resolución de la relación sexual ocurriendo en esta todos los efectos de las hormonas que mencionamos participan o mejor dicho se liberan durante las relaciones sexuales. Siendo tal vez la de mayor importancia por la calidad de sus efectos y la duración de los mismos, la Oxitocina la cual como vimos tiene efectos que hacen de la relación sexual plena una verdadera experiencia divina pues es un acto que involucra lo más íntimo de un hombre y una mujer, por lo tanto debe revestir la mayor importancia si hablamos de la convivencia en pareja de lo cual se deriva la calidad y permanencia de los lazos que unen a dos personas de sexo opuesto. Razón por la cual insisto en la frecuencia de las relaciones pues ya vimos que mientras más veces se produzca este estímulo, la secreción de Oxitocina también aumentara, con ello la intensidad de sus efectos, de lo que fácilmente nos darán la razón las parejas de adultos mayores que aún tienen relaciones plenas pues al llegar al orgasmo, la variedad de sensaciones placenteras es cada vez mayor, pues si recordamos uno de esos efectos es el de un sentimiento de afecto y de ternura exagerado, lo cual estrecha de manera importantísima la relación de pareja, de lo cual se deriva el comentario de que las relaciones sexuales son la piedra angular sobre la cual descansa la convivencia en pareja, derivando de la misma, la razón de que la mujer pierda el deseo sexual a temprana edad pues si recordamos cuando las relaciones sexuales son agresivas, traumáticas y no le permitimos a ella llegar a su orgasmo, prácticamente nunca experimentara el placer que da la relación sexual y por el contrario quedara insatisfecha cada vez que haga el amor con lo cual si ya de por si sus niveles de testosterona son diez veces menores que los del hombre y por ello su libido también es mucho menor, con esta observación de falta de placer prácticamente desaparece ese escaso deseo sexual terminando dramáticamente la relación de pareja.

La falta de deseo sexual se debe a la disminución de la testosterona.

A esto se debe que éste fenómeno ocurra más frecuentemente en la mujer, pues como ya vimos sus niveles de la hormona de la libido, la testosterona son diez veces menores a los del hombre de lo que se deriva que su libido sea prácticamente diez veces menor que el del varón pues el estímulo para esta libido lo dan los niveles de testosterona, lo mismo ocurre con el varón al paso del tiempo pues con la edad así como disminuyen todas las funciones corporales lo hacen también sus niveles hormonales siendo la testosterona una de las sustancias que disminuye y con ello sus efectos, en este caso de provocar ese libido tan marcado en el hombre joven.

El desconocimiento de estos detalles en cuanto a la relación sexual y sus faces creo yo es la causa de que cada día sea más frecuente la llamada disfunción sexual femenina, por lo que comentaremos esto ahora, obviamente con la intención de que mejore y en lugar de aumentar como hasta ahora, cada vez veamos menos disfunción sexual en la mujer.

DISFUNCIÓN SEXUAL FEMENINA

LA DISFUNCIÓN SEXUAL EN LAS MUJERES HA AUMENTADO UN 30% en la última década, siendo la razón de ello lo que ahora sabemos y estamos comentando, pues lo que ocurre es que al ser el hombre más egoísta cada día y solo ocuparse de conseguir su satisfacción sexual, se olvida de que la mujer también necesita esa satisfacción y solo lo conseguirá llegando a su orgasmo pleno, el hombre habitualmente centra su interés en las relaciones sexuales solo en alcanzar su orgasmo y con ello su placer, olvidándose de que su esposa también requiere llegar a experimentar su orgasmo pues ello le proveerá un placer por demás satisfactorio. Así las cosas cuando el hombre se olvida de este dato y solo se ocupa de eyacular, sucede que casi inmediatamente después de esto su erección desaparece y el estímulo que su esposa requiere para alcanzar el de ella, se interrumpe de manera por demás brusca, lo cual deja en la mujer una sensación de insatisfacción muy desagradable, aún más, muy molesta además de la situación emocional, desde el punto de vista físico pues ya sabemos ahora que físicamente su organismo tiene alteraciones que no satisface o ciclos que no cierra, esto le da molestias por demás severas, molestas incluso dolorosas, a veces muy dolorosas de lo que se deriva su posterior rechazo a tener relaciones sexuales, si a esto agregamos que sus niveles de testosterona son ya de por si mínimos, esto fácilmente hace que prácticamente bloquee su deseo de tener relaciones sexuales apareciendo esa creo yo mal llamada DISFUNCIÓN SEXUAL FEMENINA pues en mi concepto no existe tal o mejor dicho nunca será causada por una disfunción femenina sino más bien por una falla en hacer el amor de parte de su pareja, así que ahora que ya sabemos esto, espero sea nuestro objetivo hacer llegar a nuestra pareja a su orgasmo antes de que nosotros alcancemos el nuestro pues si logramos esto, le aseguro una vida sexual por demás satisfactoria, con ello una relación de pareja excelente sin lugar a dudas, tanto así que si la mujer alcanza antes que nosotros su orgasmo esto hace que experimente un placer indescriptible que se transmite al varón incrementando el placer sexual ya de por si intenso a niveles insospechados en él, lo que incluso será motivo de agradecimiento por parte de la mujer pues el placer que dan las relaciones sexuales es en verdad increíble.

Pero cuando no sucede así, aparecen estas famosas disfunciones sexuales femeninas, de las que se sabe que:

EL 42% DE LAS LLAMADAS DISFUNCIONES SEXUALES FEMENINAS, SON CAUSADAS POR DISFUNCIÓN DEL ORGASMO, esto quiere decir que la falla más común es la falta de orgasmo femenino, la causa de ello es la perdida de la erección masculina, antes de que la mujer alcance este estado pues lo que pasa es que el hombre por su fisiología tiene una secuencia de efectos en el acto sexual que le permite llegar muy rápido o demasiado rápido a la eyaculación y con ella a experimentar su orgasmo a lo que sucede casi inmediatamente la fase de resolución desapareciendo la erección y con ello el estímulo sexual que la mujer necesita de manera imperiosa para llegar al clímax de la relación. Interrumpiéndose bruscamente ese estimulo con la consiguiente falta de orgasmo femenino y por supuesto del placer que este fenómeno provee, de lo que se deriva ese error de pensar que la mujer no experimenta orgasmos, cuando lo que sucede es precisamente lo contrario, que es el hombre el que no sabe cómo hacer llegar a su pareja a este estado con lo que nuevamente anoto lo que los franceses dicen, (NO EXISTE MUJER FRÍGIDA, SINO SOLO HOMBRES IGNORANTES.)

EN EL 29%, la razón de la disfunción sexual femenina se debe a, DISFUNCIÓN DEL DESEO. Esto quiere decir que casi un tercio de los casos de disfunción sexual femenina, se deben a que la mujer no tiene deseos de hacer el amor con su pareja, lo cual podemos explicar fácilmente si recordamos lo que paginas previas anote, que la razón es su insatisfacción sexual por la falta de orgasmos en cada una de ellas. De lo que deriva su falta de interés en ocasiones subsecuentes, si a esto agregamos que la relación además de no ser placentera sea traumática o violenta, fácilmente bloqueara su deseo sexual apareciendo esto que estamos tratando, su falta de deseo por la relación sexual, además de su ya de por si bajo nivel de testosterona lo que le da una libido baja que fácilmente es bloqueada por sucesos como este.

15% de estas alteraciones se presenta POR DOLOR COITAL. *Esta alteración se presenta cuando al hacer el amor el hombre es demasiado brusco* y lastima a la mujer o cuando la secuencia del acto sexual no se lleva a cabo como debiera y el hombre penetra o intenta penetrar a la mujer sin que esta haya tenido una fase de excitación adecuada y por lo tanto la lubricación vaginal es escasa o nula, dificultando la penetración del pene, por lo que, si es forzada a que ésta ocurra le producirá dolor por la irritación de las paredes de la vagina, condición que a la larga hace de la relación un sacrificio para la mujer en vez de placer, con una sensación constante de dolor coital pues una vez que esto ocurre, se convierte en un reflejo condicionado que ocasiona dolor coital antes del acto con lo que se bloquea ese lazo que anteriormente unía a la pareja, ahora los separa y nuevamente recalco lo que al principio anotamos. Que todo esto se debe a que el hombre no ha sabido hacerle el amor a su pareja y no un problema de la mujer como los hombres pretenden creer. Lo que confirma nuevamente esa observación de los franceses de que (no existe mujer frígida sino solo hombres ignorantes)

El 8% se presenta, POR DISFUNCIÓN DE LA EXCITACIÓN. Un porcentaje menor de disfunción sexual femenina se debe a que la mujer es prácticamente usada como objeto y el hombre solo la usa para satisfacer su necesidad de eyacular. Cosa por demás denigrante y traumática para la mujer, pues en este caso la disfunción sexual femenina llamada de disfunción de la excitación quiere decir que el hombre pretende hacerle el amor o prácticamente la obliga a hacerlo sin siquiera excitarla, es decir sin ese preámbulo amoroso tan necesario para la mujer, sino solo quiere penetrarla, eyacular y punto pues así de simple el satisfacerá su necesidad sexual sin prácticamente pensar en las necesidades de su pareja, partiendo de ahí la disfunción en la excitación pues ahora la mujer ya no se excita prácticamente nada para tener un encuentro amoroso sino solo lo hace por simple complacencia. Pero sin todas esas características que hacen de la relación sexual algo tan especial.

Y 6.5% POR VAGINISMO. Un porcentaje aún menor de disfunción sexual femenina se debe a una alteración llamada vaginismo que no es más que un rechazo del tejido vaginal a cuerpos extraños y en este caso al pene, con lo que la relación sexual es prácticamente imposible, pues la respuesta de la vagina es severa y si se insiste en llevar a cabo la relación sexual cada vez el rechazo es mayor, ésta alteración no tiene una etiología definida pero creo yo se debe más a problemas emocionales o mentales que a una alteración anatómica o fisiológica, de lo que se deriva la dificultad de su tratamiento y que por supuesto ensombrece su pronóstico.

UN TERCIO DE LAS MUJERES DISMINUYEN SU LIBIDO EN LA MENOPAUSIA. Este comentario parte del hecho de que la mujer en la etapa menopaúsica, presenta una seria de alteraciones de todo tipo interesándonos en este momento sus cambios hormonales los cuales se deben principalmente a la disminución grave de los niveles de estrógenos que la mujer tiene desde que inicia su vida reproductiva y que inicia con su primera menstruación, manteniéndose prácticamente sin cambios hasta que termina ésta, con lo que su sexualidad es normal y las relaciones sexuales sin problemas, obviamente siempre y cuando existan todas las condiciones que anotamos, pero en la época en que sus ovarios dejan de producir estrógenos la disminución de estas hormonas es drástica y sus efectos se manifiestan a todo nivel pues son las hormonas que hacen funcionar el cuerpo de la mujer en todos los aspectos, así que cuando estos disminuyen en la mujer aparecen cambios muy notables desde cambios físicos hasta cambios emocionales a veces graves, siendo la libido una de las alteraciones más comunes, que afectan severamente la estabilidad emocional femenina.

En este punto habrá que hacer la siguiente observación, como ya sabemos es la testosterona la hormona de la libido, es decir, que es efecto directo de la presencia de esta hormona el que tengamos deseos de hacer el amor, la mujer tiene también en su cuerpo esta hormona solo que sus niveles son escasos comparados con los del hombre pues en ella solo se produce esta sustancia en la corteza de las glándulas suprarrenales y su cantidad jamás se comparara con la que producen los testículos del varón, aun así está presente ésta hormona en el cuerpo de la mujer, pero además en ella sucede que los estrógenos que son las hormonas típicamente femeninas y que son producidas por sus ovarios, tienen efectos contrarios por así decirlo a los de la testosterona o dicho de otra manera, la presencia de estrógenos impide en gran medida que la testosterona actúe en todos los tejidos, por lo que se puede llamar a los estrógenos como drogas o sustancias anti androgénicas, que quiere decir precisamente esto, que se oponen a los efectos de la testosterona.

De manera que viendo las cosas así, lo que fisiológicamente debe ocurrir es que al dejar de producirse estos estrógenos en gran cantidad, ahora los efectos de la testosterona deben manifestarse de manera intensa o por lo menos aparecer pues ahora ya no tiene sustancias que se oponga a sus efectos.

Así que viéndolo desde este punto de vista, la mujer postmenopáusica debe tener una libido óptima o por lo menos mejor que antes de su menopausia pues también ya anotamos que los efectos de la testosterona se continúan después de esta etapa, siendo fácil verlos o notar por las manifestaciones físicas que tienen y que ya vimos, así que en ellas la testosterona está presente y con ella todos sus efectos, por lo que creo yo esta disminución de la libido que anotamos se debe más a problemas en la psicología de la mujer en esta etapa pues la tradición y las malas enseñanzas le han dicho que una vez que ha dejado de menstruar ya no tendrá relaciones sexuales pues su actividad como mujer ahora es incompleta y ya no necesita de éstas. Cosa por demás errónea pues ahora sabemos que las relaciones sexuales nunca deben interrumpirse.

DISMINUCIÓN DE LA LIBIDO EN EL ADULTO MAYOR

LAS ENFERMEDADES DISMINUYEN LA LIBIDO. Obviamente una enfermedad afecta al cuerpo en general y una de las funciones que aunque importantísima no es urgente es el sexo. Por lo que en casos como estos pasa a segundo plano y de ahí que en casos de la presencia de alguna enfermedad la libido disminuye o desaparece pues existen funciones más urgentes o vitales que se deben mantener antes que una vida sexual optima, dependiendo esto de la gravedad de la enfermedad pues enfermedades comunes que no involucran una gran cantidad de órganos y sistemas obviamente nó impedirán que la vida sexual se mantenga lo mismo que enfermedades que aunque agudas sean de corta duración, tampoco harán esto pues una vez superado el cuadro agudo la vida sexual se recupera no así cuando la patología sea una de esas que se comporta como crónicas y que afectan una gran cantidad de órganos y sistemas por lo que bloquea o incluso anula el deseo sexual, situaciones que como ya hemos comentado una vez que aparecen son de muy difícil manejo pues al afectar una función tan importante como esta, crean un círculo vicioso que cada día es más dañino y más difícil de tratar.

EL MALEATO DE FLUVOXAMINA AUMENTA LA LIBIDO. Este es uno de los pocos fármacos que tienen como efecto secundario elevar la libido pues es un medicamento antidepresivo que como tal tiene la propiedad de revertir la depresión pero sin afectar la función sexual y su utilidad deriva de que como ya vimos la depresión como enfermedad es causa de impotencia sexual es decir de perdida de la libido, alteración que al ser tratada de alguna forma y en este caso específico con este medicamento, lo que ocurre es que al revertir la depresión con una droga que no afecte de manera secundaria la actividad sexual, ésta se recupera y de ahí la creencia de que eleva o incrementa la libido.

De esto podemos deducir que el manejo de la depresión en el varón en caso de aparecer o ser el problema causal de impotencia sexual en caso de tener que ser tratado medicamente deberá ser manejado con medicamentos como éste.

EL RESENTIMIENTO Y LA IRA DISMINUYEN LA LIBIDO. Ya hemos hecho la observación de que las emociones afectan de manera directa nuestra función endocrina y en este caso específico hablando de la función hormonal ocurre lo mismo, estos sentimientos afectan de manera directa la función sexual de hombres y mujeres de manera que los sentimientos de ira y el resentimiento por acciones que alguna vez ocurrieron y no fueron bien manejadas ahora causan alteraciones de diverso tipo siendo uno de ellos la disminución de la libido con lo que estas emociones causan cada vez más daño pues ahora agregaremos a estos fenómenos ya de por si negativos, la falta de relaciones sexuales y todo los efectos negativos que esto ocasiona.

EL HOMBRE QUE SE SIENTE MENOS PODEROSO EN EL SEXO DISMINUYE SU LIBIDO. Sucede en no pocos casos que la mujer es exigente o demasiado exigente en el sexo y como ya hemos visto, el hombre solo es capaz de alcanzar un o unos pocos orgasmos, mientras que la mujer puede experimentar muchos y de verdad muchos o dicho en otras palabras la mujer es capaz de hacer el amor una gran cantidad de veces, cosa que nunca ocurre en el hombre pues su fisiología no se lo permite, pues bien cuando la mujer sabe esto y le exige al hombre una frecuencia mayor de relaciones de las que él normalmente puede llevar a cabo y se lo reprocha o se lo hace sentir como que ella es más poderosa en el sexo que él, aparecerá como efecto de ello, una diminución en la potencia sexual del varón pues el simple hecho de pensar que no podrá satisfacer a su pareja hace que ahora el hombre pierda el deseo de hacer el amor con ella pues se siente menos poderoso y este sentimiento bloquea por si solo la libido del hombre con lo que ahora menos relaciones sexuales tendrán.

Esta situación se presenta por una deficiente relación sexual pues cuando la mujer no alcanza su orgasmo y le exige al hombre hacerla llegar a él, lo que sucederá es que el hombre pierde su erección y sin ella prácticamente será imposible que su pareja lo alcance desencadenándose todo lo que acabo de anotar, situación que no ocurre cuando la mujer llega a su orgasmo antes que el hombre y que por lo mismo se manejara de la misma manera en caso de aparecer este problema, es decir, que para remediarlo deberá aprender el hombre a llevar a su pareja a su orgasmo antes que él llegue al suyo pues solo así la mujer estará satisfecha en cada relación y no le exigirá más y este hecho que parece tan simple, en ocasiones genera cambios en el comportamiento de la pareja tanto que ahora la mujer toma el mando en lo que a las relaciones sexuales se refiere y prácticamente ella toma el papel que le corresponde al varón en condiciones normales.

Ahora bien ya sabemos que hacer el amor nos trae un sinfín de beneficios, que si queremos vivir felices habrá que ocuparnos en tener relaciones sexuales plenas, satisfactorias y frecuentes, pero desgraciadamente para eso no basta con que sepamos o queramos hacer el amor por lo menos dos veces por semana porque necesariamente para esto se requiere de una pareja, de nuestra pareja, eso complica un poco o mucho la situación porque no bastara con que le digamos a nuestra pareja que necesitamos hacer el amor dos veces por semana mínimo porque eso nos traerá muchos beneficios no, no es así porque como ya vimos para hacer el amor la mujer necesita una razón y nosotros solo un lugar así que ahora vamos a ver qué debemos hacer para que nuestra pareja acepte o mejor dicho desee hacer el amor, para ello veamos qué es lo que necesita la mujer ya que si cubrimos sus necesidades esta pareja nuestra sin más ni más aceptará hacer el amor con nosotros así que veamos que necesita una mujer tener siempre antes de que intentemos tener relaciones con ella, le aseguro que si cumple con estas necesidades de su esposa, sin temor a equivocarme, su relación de pareja será de lo mejor.

NECESIDADES DE LA MUJER

LA PRIMERA Y MÁS IMPORTANTE NECESIDAD DE LA MUJER ES SU NECESIDAD DE AFECTO. La mujer necesita cada día, a cada momento si fuera posible muestras de afecto, necesita sentirse querida, amada, deseada, necesita muestras de cariño, caricias constantes, detalles, palabras bonitas, saber que no solo se le quiere, que se le adora, que es ella la única mujer en la vida de ese hombre que es su pareja, que es la mujer más bella del mundo, que cada día está más hermosa, que no existe otra mujer igual para su pareja, que tiene todas al cualidades que un hombre busca en una mujer, que es la mejor madre, que tiene los hijos más hermosos, inteligentes, guapos y trabajadores del mundo, que cada día que pasa su esposo se enamora más y más de ella, que su pareja no tiene ojos para otra mujer, que es ella la alegría del hogar, que es la persona que hace feliz a su pareja, que ninguna mujer se compara con ella, que es la más trabajadora, la más detallista, que usted la quiere mañana, tarde y noche, que es la mejor cocinera del mundo, que nadie cocina mejor que ella, deberá además, usar con ella todos los adjetivos cariñosos que puedan existir, desde "mi amor", hasta el que usted se imagine, pasando por: mi vida, mi cielo, chiquita, bonita, bella, hermosa, preciosa, chiquitita, gordita, flaquita, chaparrita, muñequita, la luz de mis ojos, mi razón de vivir, mi motivo, mi ilusión, lo mejor que me ha dado la vida, etc, etc, etc. En fin todo lo que usted pueda imaginar hacer o decirle, para hacer sentir a esa mujer que la ama, a este respecto le recuerdo que hablando de afecto la mujer es como esos hoyos negros que la ciencia dice que existen en el universo, que absorben todo absolutamente todo, que mientras más absorben más absorben, por eso no le extrañe que, haga usted lo que haga, le diga lo que le diga, le regale lo que le regale, la trate con el mas desmedido cariño, le dé muestras de amor exageradas, la colme de atenciones, para mostrarle afecto a su esposa, así se canse de tantos detalles para con ella, se desviva en atenciones, SU PAREJA SIEMPRE

QUERRÁ MÁS Y MÁS y a cada momento le pedirá más y más muestras de afecto, pues como ya anotamos mientras más le dé más querrá sin importar lo que sea, pero usted solo grábese bien que todo esto que usted le dé como muestra de afecto, toda acción que haga para demostrarle que la quiere, todo lo que le diga para hacerla sentir bien, querida, amada, deseada, apreciada, todo ello tiene una recompensa muy especial pues éste es el mejor camino para conseguir lo que nosotros necesitamos, que es tener relaciones sexuales placenteras y frecuentes. Así que el precio creo yo es mínimo comparado con lo que conseguiremos pues solo vuelva a leer los efectos benéficos que nos dan las relaciones sexuales en nosotros y se dará cuenta de lo que digo.

EN SEGUNDO LUGAR ESTA SU NECESIDAD DE COMUNICACIÓN. Pues sabemos que a la mujer le gusta hablar, hablar y hablar, por lo tanto lo que más necesita es comunicarse, de cualquier manera pero comunicarse y quien cree usted que es la persona ideal para ello, efectivamente usted, su pareja, su esposo, pero como desgraciadamente ocurre, el hombre es poco comunicativo o muy poco comunicativo mejor dicho y una vez casados, al paso del tiempo cada vez hablamos menos los hombres, nos volvemos unos perfectos mudos, si no recuerde usted cuando fue la última vez que platico con su esposa por lo menos una hora de manera ininterrumpida entablando obviamente un dialogo, no solo una hora de reclamos, quejas, reproches y sugerencias por parte de ella y un silencio eterno de parte suya porque eso no es comunicación, eso es un monólogo de parte de su esposo con un solo oyente que más parece un muro, no una persona, obviamente rompiendo esa comunicación que debe existir siempre, si, así como está escrito, siempre pues de lo que se trata es de comunicarse.

Para aclarar esto, recuerde además cuantas veces estuvo platicando con ella horas y horas cuando eran novios y ninguno de los dos quería terminar la plática, desgraciadamente al paso del tiempo esta comunicación se fue perdiendo y ahora es excepcional que platiquen más que para lo indispensable resumiéndose sus pláticas en pareja a que ella se queje o reclame algo y usted solo responda con un sí o un no, cuando no usted se quede mudo y no dice absolutamente nada generando en la esposa un sentimiento de rechazo pues ella lo interpretara como una falta de cariño, obviamente sin ser así pues el varón por naturaleza es poco comunicativo. Esta situación deberá entenderse entre esposos pues de lo contrario generara un sin fin de malos entendidos, para lo cual la solución será siempre que el esposo aprenda a comunicarse cada día más, pues la mujer no tiene límites en su capacidad de hablar y mientras más hable mejor estará, además de que la comunicación es una necesidad vital solo superada por la necesidad de alimento,

Es de vital importancia que como hombres cultivemos una buena comunicación o la desarrollemos si no la poseemos, que aprendamos a comunicarnos en todo momento pues para toda actividad humana se requiere de una buena comunicación, no solo con la esposa es necesario comunicarse sino en todas y cada una se las situaciones que la vida nos presenta tanto en el seno de la familia como en el trabajo y la sociedad en su conjunto pues como anotamos ya el hombre es un ser social y esto requiere que sepa comunicarse pues de eso dependerá que su vida social sea lo más positiva posible. Así que desde ahora grávese muy bien que su esposa necesita hablar, necesita ser escuchada y necesita respuestas de parte suya. Ella necesita, además de que usted la escuche, necesita soluciones o por lo menos un buen oyente, alguien que la escuche con atención y le permita hablar hasta que ella satisfaga esa necesidad tan importante en una mujer.

Además de que al hombre de la casa le toca responder a todas la interrogantes que su familia tenga, debe saber que su esposa y sus hijos necesitan respuestas a sus inquietudes, a sus preguntas a sus dudas a sus preocupaciones y el único que debe dárselas es precisamente usted porque para ello usted es el padre de familia, el señor de la casa, el jefe de familia o nó?

EN TERCER LUGAR LA MUJER NECESITA Y DE MANERA PREPONDERANTE APRECIO. Esta necesidad es poco entendida o mejor dicho desconocida pues es excepcionalmente raro que un hombre sepa que su esposa necesita sentirse apreciada situación dada principalmente por la rutina con que la pareja vive, cosa que hace que cada día ya no exista motivo de alegría, de festejo o sorpresa por lo menos y menos aún de aprecio, así poco a poco desaparecen esos detalles que cada persona tiene, en especial la mujer, pues si recordamos en un principio el hombre se enamoró de ella por lo que vio y le llamo la atención, por esos detalles que ahora ya ni siquiera menciona y a veces ni recuerda. Sin que esto quiera decir que hayan desaparecido solo que para el hombre ahora ya no le llaman la atención, por eso no los aprecia sin darse cuenta que esto es una necesidad fundamental para la mujer. Detalles como hacer la comida es algo que merece ser apreciado y mucho, asear la casa, arreglar a los hijos, educarlos, estar al tanto de sus tareas, lavar la ropa o por lo menos arreglarla en el closet, colocar algún detalle en la sala o en cualquier otro lugar de la casa, mantener en orden la casa, limpia y pulcra, tener ordenada su ropa, desde su ropa interior hasta su más fino traje, estar al tanto hasta de usted cuando le dice que la corbata que lleva no hace juego con su camisa o los calcetines con su pantalón, en fin la cantidad de actividades que hace la mujer son mucho mayores que las del hombre y este generalmente no las aprecia.

Si no recuerde usted en este momento cuando fue la última vez que le agradeció algo, que le demostró que verdaderamente aprecia lo que ella hace. Desafortunadamente la rutina nos hace caer en esta situación y nunca debiera ser así. Cuando la mujer trabaja y aporta dinero al gasto familiar dígame usted cuando le aprecia este trabajo o sacrificio porque al fin y al cabo es algo que no le toca a ella sino a usted y ella le está dando de más y cuando no trabaja, el hecho de que ahorre el dinero que usted le da o no lo malgaste, es digno de aprecio y pocas veces reparamos en ello, así pudiera enumerar una lista enorme de cosas que hace la mujer por usted, sus hijos, su casa, que jamás le apreciamos, con lo que le quitamos a esa mujer en muchos casos la ilusión de hacerlas o seguirlas haciendo, hasta que las deja de hacer pues piensa que de nada sirve que las haga si nadie siquiera las va a tomar en cuanta y mucho menos le darán muestras de aprecio por hacerlas pues creemos que son su obligación y por lo tanto no merecen nuestra gratitud.

Sabe usted porqué la comida hecha en casa sabe diferente que el mismo platillo en el mejor restaurante? Pues es solo porque cuando su esposa cocina piensa en darle a su familia lo mejor y ese toque de amor que solo ella le pone, se impregna en la comida como un condimento especial y le da un sabor que en ningún otro lado encontrara, pero si esa esposa no siente amor por su familia, solo cocina por cocinar, porque ya se cansó de que nadie aprecie su comida, ese toque de amor faltara como ingrediente de la comida y su sabor ya no será el mismo.

Así que desde hoy haga un cambio en sus hábitos diarios, aprenda a apreciar lo que su esposa hace y aún más, figúrese que ella nunca espera que se lo agradezca con dinero, regalos costosos, paseos, etc. Nada de eso, a la mujer le basta un detalle cualquiera, un comentario hacia lo que ella hizo, un gracias por hacerlo, una muestra de aprecio por lo que hizo, cualquiera que sea, en fin solo fíjese en lo que ella hace y dele alguna muestra de aprecio, vera resultados maravillosos en todos los aspectos pues las mujeres tienen una capacidad de verdad increíble de hacer y hacer muchas más cosas de las que usted y yo hemos visto, solo necesitan este tipo de estímulos para hacerlas.

La causa de que al paso del tiempo dejemos de apreciar lo que nuestra pareja hace es que con la rutina de la vida marital lo que resalta ahora son solo los defectos, las fallas que ahora vemos en nuestra pareja, esto nos hace olvidar o dejar de ver lo bueno por lo que si me lo permite le quiero dar un consejo, si quiere mantener su relación de pareja si ya la tiene o mejorarla si es óptima pero quiere que sea mejor.

Por favor, jamás vea los errores de su esposa, elimine completamente ese hábito equivocado de ver las faltas en la otra persona, deje de ver la astilla en el ojo ajeno, ignorando la viga del ojo propio, para eso solo céntrese en observar las cosas buenas que le aseguro son muchas solo que por observar lo malo, dejamos de ver las cosas buenas o las minimizamos, esto se lo digo porque ver lo malo solo hace que la relación de pareja se pierda, pues lo que ocasiona ésta observación nos hace criticar a nuestra pareja y la crítica "jamás" así como está escrito "jamás", corrige nada sino todo lo contrario, engendra respuestas totalmente equivocadas o erróneas y todas ellas malas pues genera en la persona que recibe la crítica quiera o no reacciones de enojo, ira, rencor y resentimiento, pues lastima el orgullo de la persona, créame no existe esposa sin orgullo y la crítica es la crítica así que olvídese incluso de la famosa crítica constructiva, pues no hay tal, no existe la buena crítica, ésta es crítica y nada más.

Lo que debemos gravarnos bien como hombres es que criticamos a nuestra esposa cuando vemos sus errores, cuando vemos lo malo, así que la manera más eficaz de evitar la crítica es dejando de ver los errores en nuestra pareja, pues si solo vemos lo bueno, nunca vamos a criticar nada, de esta manera le aseguro una convivencia tranquila, armónica y cada día mejor con su esposa o pareja. Grávese nuevamente esto, "LA CRITICA ES INÚTIL, NUNCA REMEDIA NADA, ES MAS ES PELIGROSA"

Por eso este libro tiene la intención de que usted amigo mío sepa que esos detalles que hemos olvidado para con nuestra esposa, deben mantenerse, hacérselos ver la cantidad de veces que sea posible pues nunca bastara con que ella lo sepa sino que requiere que se los mencione siempre, esto eleva su autoestima y esta es fundamental para su estabilidad emocional y psicológica. Esta falta de aprecio es una de las razones más comunes y frecuentes de divorcio pues cuando la mujer no se siente apreciada su autoestima ya de por si baja se ve todavía más disminuida, esto causara en ella un sentimiento de minusválida, de rechazo incluso y por esta razón es que ocurre que cuando una mujer que en su casa no es apreciada y recibe aprecio de cualquier otra persona se siente de verdad apreciada, alagada y como ésta necesita tanto este satisfactor, fácilmente caerá en infidelidad, en adulterio y de ahí en adelante lo que sigue ya será lo de menos. Por esto en mi opinión muy personal creo yo que LA INFIDELIDAD EN LA MUJER ES CULPA DEL HOMBRE QUE TIENE EN CASA, pues si ya sabemos ahora que la mujer necesita aprecio, sabemos además que el encargado de darle este satisfactor es su pareja, si esa persona no lo hace, ella buscara satisfacer esta necesidad y en ese caso la infidelidad no será su culpa sino solo satisfacer su necesidad.

Por lo tanto le invito a que a partir de este momento, solo vea las cosas buenas que tiene su pareja, si lo hace así le aseguro una vida feliz, cada día más feliz pues empezando a ver lo bueno día con día vera más cosas buenas que su pareja tiene, si no acuérdese de cuando esa persona era su novia, acuérdese que no le veía ningún defecto sino solo cosas buenas pues si le hubiera visto defectos no sería hoy su esposa, bueno pues esa persona es la misma así que haga lo mismo que hizo cuando la enamoro, es decir, enamórela nuevamente, vera resultados maravillosos se lo aseguro.

SU NECESIDAD DE SEGURIDAD FÍSICA O DE PROTECCIÓN ES LA CUARTA NECESIDAD DE LA MUJER.

Que debemos tener en cuenta, esto quiere decir que la mujer necesita sentir que tiene a su lado un roble en el cual apoyarse en todo momento, porque lo queramos o no, lo aceptemos a no, en una pareja la mujer representa la parte sensible, tierna, delicada, el hombre la parte fuerte, la fuerza física, la solidez del varón es necesaria para que la mujer se sienta segura al lado de esa persona, que es la que hace el trabajo físico pesado, de fuerza, además de que necesita saber que ese hombre es fuerte emocionalmente que tiene una estabilidad emocional excelente y que por eso siempre estará a su lado para que ella pueda apoyarse en su hombro en cualquier momento en que le preocupe algo o tenga alguna pena, miedo, tristeza, soledad, etc. etc. siempre que necesite de alguien que de verdad le apoye, le consuele, le dé palabras de aliento ahí estará su esposo, que cuando ella necesite un consejo y lo pida sabrá que ese hombre tendrá la respuesta correcta o el consejo adecuado si ella lo pide, además de que su hombre la protegerá de cualquier peligro, que esa persona estará dispuesta a dar la vida si fuere necesario por ella y por sus hijos, que tiene alguien que verdaderamente los protegerá de cualquier cosa, ya que su esposo cumple completamente con ese roll del hombre que es de padre protector, no solo de los hijos sino de ella como su esposa también.

Esta necesidad de seguridad en su hombre requiere que éste sea una persona digna de confianza, sincera, cabal, honesta, responsable, en pocas palabras, todo un hombre pues solo así la mujer lo verá como el hombre al cual recurrir en cualquier momento con la certeza de que su esposo va a responder por su familia y las protegerá de cualquier peligro.

EN QUINTO SITIO LA MUJER NECESITA SEGURIDAD ECONÓMICA. Es responsabilidad del varón, del hombre de la casa, darle a su pareja total seguridad económica pues como sabemos todos clásicamente el hombre es o debe ser el proveedor del hogar, rol que en estos tiempos se ha perdido pues resulta que ahora la esposa trabaja o tiene que trabajar para que a los hijos no les falte nada, esto se ha vuelto ya una costumbre, que aparece primero como una necesidad pero que al paso del tiempo de ha vuelto ya una costumbre o una condición pues la oferta laboral ha cambiado mucho y actualmente es difícil para un hombre en muchos casos conseguir un buen empleo, mucho menos un empleo bien remunerado que le dé un ingreso económico suficiente para mantener una familia con todas sus necesidades cubiertas y de buena calidad, así que la esposa ahora prácticamente en todos los casos trabaja, más si se ha preparado y tiene un nivel académico elevado pues resulta que a ella le es más fácil encontrar trabajo y en algunos casos su ingreso supera al de su esposo, esto que parece tan simple y hasta cierto punto bueno, no resulta así pues genera una serie de alteraciones en la dinámica familiar pues los roles de cada uno de ellos como vimos al principio de esta obra se alteran y con ello toda la dinámica de la familia. Tanto así, que en algunos casos la mujer se ha aprovechado de esto, pues al saber que ella puede ganar tanto o a veces más dinero que el varón, prácticamente siente que ya no lo necesita, este sentimiento de autosuficiencia hace que la mujer se sienta segura sola, que no necesita de la presencia del esposo, razón por la cual en muchos casos es ella misma la que solicita la separación, pues sabe que sola puede salir adelante con todo y sus hijos, ahora bien, si nos referimos a la pareja clásica veremos que el esposo debe proveer todo lo que la familia necesite y esto lo debe saber la esposa, ella debe estar segura que económicamente su esposo proveerá lo suficiente, que no tiene deudas, que su esposo es un hombre trabajador que siempre tiene y tendrá el dinero suficiente para que a ella y sus hijos nada les falte. Por ello en el momento en que el esposo falle en este aspecto debemos saber que la mujer se mueve en espacios vacíos, es decir, que si el esposo no provee lo suficiente ella saldrá a buscar eso que falta y sin lugar a dudas lo conseguirá, no porque ella quiera hacerlo así sino porque el esposo dejo de hacerlo, con lo que aparece el conflicto matrimonial de quien es el proveedor del hogar. Papel que como dijimos al principio le corresponde solo al varón.

Esta seguridad económica, le da a la mujer una estabilidad emocional especial pues se olvida de muchas preocupaciones que en caso contrario aparecen y le afectan, además de que hace crecer delante de ella la imagen de su pareja lo cual en cualquier situación resulta benéfico.

Y EN SEXTO LUGAR ESTÁ LA NECESIDAD SEXUAL. Si bien la necesidad de sexo está presente en toda mujer, esta necesidad ocupa un lugar secundario pues como vemos se encuentra en sexto lugar, es decir que para ella la necesidad de sexo no es una prioridad como tal, ya que como sabemos ahora, ella tiene una libido escasa, por lo tanto tiene otras prioridades antes que hacer el amor, en cambio en el hombre no es así, pues para él ésta necesidad es la numero uno dadas sus características fisiológicas como ya vimos. A esto se debe que en la pareja exista tanto conflicto, pues vamos a ver que las necesidades de la mujer son diferentes a las del hombre, visto de esa manera no se satisfacen uno al otro lo que ocasiona una gran cantidad de problemas, pues lo que para uno es prioritario para el otro no lo es y viceversa, causando cada día más y más problemas, incomprensión, dolor y resentimiento, etc. lo que termina con la disolución del vínculo matrimonial en muchos casos, pero que desgraciadamente no termina ahí sino que ahora afecta a personitas inocentes que tiene que sufrir las consecuencias de una separación de sus padres. Cabe aquí hacer mención de lo que Sigmund Freud dijo. LA NECESIDAD SEXUAL ES LA PRIMERA RAZÓN POR LA QUE

LOS HOMBRES HACEN ALGO. Y por este lugar que ocupa es que hombres y mujeres la necesitamos en alto grado, recalcando solamente el lugar que ocupa esta en cuanto a su importancia en razón del sexo.

Como vemos las necesidades de la mujer son muy especiales y nunca serán iguales a las del hombre por lo tanto no se satisfacen uno al otro desencadenando una serie de problemas que terminan desgraciadamente en la ruptura del lazo matrimonial. Con la consecuente afectación de los hijos quienes sin saber cuál ha sido la causa, ya que como siempre sucede ni los padres saben cuál ha sido esta, tienen que enfrentar una situación del todo anormal y muy seria que afecta su estabilidad emocional y psicológica de forma grave ya que por su edad estos problemas los orillan a tomar caminos equivocados en casi la totalidad de los casos, debemos saber que el concepto vertido por Freud, aplica de igual modo tanto para el hombre como para la mujer es decir, que la necesidad de satisfacción sexual es una de la más importantes de sus necesidades que desgraciadamente se olvida o deja de ser la prioridad número uno en la pareja, haciéndose rutinaria la convivencia, ocurriendo esto generalmente desde el primer embarazo situación común a todos los niveles económicos y culturales causado esto creo yo por la ignorancia en primer lugar y posteriormente por las creencias erróneas que la religión o cultura nos impone pues se piensa que una vez embarazada la mujer ya no puede tener relaciones sexuales siendo esto un gran error ya que no tiene ninguna contraindicación el continuar las relaciones sexuales sin importar la edad gestacional de que se trate (obviamente estamos hablando de un embarazo normal), esto se agrava en casi todos los casos con la llegada del primer hijo pues este nuevo integrante de la familia ahora se convierte en el centro de la atención principalmente de la madre pasando a segundo término el padre cuando en un principio era el hombre el centro de atención de la mujer, cosa que tampoco debe ocurrir pues va a terminar por generar si no un conflicto serio, si dañando la relación de pareja, con esto todo lo que estamos analizando. Esto también se debe al desconocimiento de parte de todos pues el nacimiento de un niño es solo un acontecimiento que por el contrario debe unir más a la pareja en vez de separarla.

Cuando esta situación no se entiende y menos se resuelve, da pie a otras más serias o delicadas que terminan por afectar la relación de pareja y la consecuente disolución del vínculo matrimonial, como sucede en casos como el siguiente.

(EL ESPOSO DE MI MEJOR AMIGA SE FUE CON UNA MUJER MUCHO MÁS JOVEN). Esta frase es cada vez más frecuente porque en la relación de pareja la rutina acaba con la ilusión, con los sueños pero sobre todo con la actividad sexual del hombre, si ya sabemos que ésta en el hombre nunca desaparece por completo es fácil darnos cuenta que si el hombre no tiene relaciones sexuales en su casa plenas, placenteras y frecuentes, en la primera oportunidad que tiene de tenerlas fuera de ella con una mujer no necesariamente joven sino solo que lo acepte como es y le permita esa función tan importante en el, este no tendrá ningún problema en cambiar a su esposa por una más joven o que solo lo satisfaga más, situación que la mujer no entiende pues siempre pensara que no ha sido su culpa porque ella le dio todo lo que quería sin recordar que la función sexual es para su esposo mucho más necesaria e importante que una casa limpia, que la comida bien preparada que la ropa ordenada y los hijos bien cuidados, La función sexual es la necesidad número uno del hombre y eso nunca lo debe olvidar la mujer, aunque creo que lo primero será que ésta lo sepa, es decir que la esposa debe saber que para su esposo o pareja el sexo es su necesidad número uno.

NUESTRA VIDA SEXUAL
Y EL TRABAJO

Está demostrado que UNA VIDA SEXUAL BUENA Y FRECUENTE PUEDE AYUDAR A CUALQUIER HOMBRE A ATRAVESAR LAS PRESIONES DEL TRABAJO, todos sabemos que el trabajo es estresante porque siempre tendremos problemas que resolver en el sitio en que trabajamos o en la profesión que tengamos, tendremos presiones de muchos tipos que se traducen como estrés y una vez ocurrido este, la respuesta del ser humano será amplia abarcando la totalidad de su cuerpo, desgraciadamente, ocasionando una gran cantidad de enfermedades, dolencias y alteraciones de todo tipo, algunas muy graves o demasiado diría yo como es el caso de la aparición de algunos cánceres, todo esto se aliviaría si no es que disminuiría notablemente si recurrimos a tener una vía sexual plena, satisfactoria y frecuente, situación nada fácil una vez iniciado el círculo vicioso pues, ahora estas alteraciones se repiten y se mantienen de manera automática, ya que crean un círculo vicioso formado por, (estrés, Disfunción eréctil, depresión más estrés, más disfunción, más depresión, mayor estrés, más impotencia sexual) y así jamás resolveremos el problema que ahora se ha perpetuado y se mantiene solo, además de que cada día es más grande o intenso o ya ha ocasionado una serie de enfermedades todas ellas graves o crónicas, todo esto debe resolverse, debemos romper ese círculo vicioso que ocasiona todas estas alteraciones negativas y la mejor manera, la más efectiva y creo yo la más fácil es retomar la actividad sexual de la pareja, pues tratar el estrés o la depresión siempre será más difícil, incluso desde el punto de vista farmacológico como ya hemos visto, de ahí que lo más fácil sea recuperar la actividad sexual de la pareja, la cual debe ser satisfactoria placentera y frecuente. Esto solo depende de que la pareja sepa y principalmente la mujer entienda o sepa que la necesidad, vuelvo a insistir, número uno del hombre es la relación sexual frecuente, pues si ella lo sabe y acepta, sabrá que de esa manera su esposo soportará fácilmente todas las presiones que el trabajo le produzca pues no existe manera más placentera de eliminar el estrés y evitar la depresión que teniendo relaciones sexuales plenas, satisfactorias y frecuentes. Por todos los efectos benéficos que estamos viendo tiene esta función, que en caso de no ocurrir, lo que acontece es que al estrés del trabajo se suma la depresión de la falta de una vida sexual plena, esto fácilmente dará como resultado esa serie de enfermedades que vamos anotando, las cuales se pueden evitar o por lo menos retrasar en su aparición si nos preocupamos o mejor dicho nos ocupamos por tener una actividad sexual satisfactoria.

Y si hablamos del DESCANSO, todos sabemos que debemos descansar y descansar bien, que nuestro cuerpo necesita descanso, que cada día debemos tener un tiempo de reposo, que dormir es indispensable y es una necesidad tanto física como mental y emocional. Dormir tiene efectos saludables siempre, pues cuando dormimos lo que hace nuestro cerebro es ordenar todas y cada una de las situaciones que durante el día nos ocurrieron y de las cuales una gran cantidad ni siquiera las notamos y menos las analizamos o resolvimos. De tal manera que al final del día tenemos un mundo de situaciones inconclusas que es necesario acomodar en el lugar adecuado y de eso se encarga automáticamente nuestro cerebro solo que para eso requiere que lo dejemos hacer su trabajo solo, que le demos el tiempo necesario para hacer esto y obviamente que nosotros no le dejemos gran cantidad de pendiente o lo forcemos a trabajar demás, con preocupaciones, problemas, estrés en fin todo lo que nos inquieta no le permite a nuestro cerebro descansar como debe ser para poder llevar a cabo esta función tan importante, la cual ocurre de manera fisiológica durante el periodo de sueño que todos tenemos o mejor dicho, debemos tener pues hay muchas personas que no duermen bien, pues en ese lapso de tiempo en que estamos dormidos, nuestro cerebro está dando respuesta y acomodando todos esos detalles que dejamos sin resolver en nuestras horas de vigilia, sean cuales sean estas, de manera que al despertar esos pendientes ya se encuentran ubicados en determinadas áreas del mismo y dejan de ser un problema o preocupación pues nuestro cerebro ya le habrá dado una respuesta a cada una de ellas o incluso las habrá desechado si no son importantes para nosotros y su actividad general se encontrará al 100%, listo para todo lo que acontezca en el nuevo día. Así que imagine usted qué pasaría si no dejamos descansar a nuestro cerebro, pues simple y sencillamente éste irá acumulando todas esas situaciones que no resolvimos y cada día tendrá más y más situaciones que resolver con lo que es fácil darnos cuenta que por muy capaz que sea este órgano llegara un momento en que ya no podrá llevar acabo su función tan importante de manera adecuada desencadenando un sin fin de alteraciones mentales, todas ellas graves, que cada día vemos más y más, que van desde la irritabilidad por la falta de sueño hasta la que usted imagine incluso la demencia o locura pues el simple hecho de no dormir es una causa probada de locura. Así que ocupémonos de dormir bien suceda lo que suceda pues los beneficios que dormir nos aporta son de verdad enormes y sobre todo necesarios.

LA PÉRDIDA DE TRABAJO. Este hecho que por sí solo afecta la vida de un varón en su totalidad, hablando de la función sexual es obvio que ésta será afectada, de manera preponderante, si ya anotamos que el estatus influye de manera directa en los niveles de testosterona que el hombre tiene es fácil deducir, que un hombre que pierde ya no solo su estatus sino su trabajo completo tendrá una disminución drástica y aparatosa en sus niveles de esta hormona con todas las consecuencias o efectos que esto ocasiona siendo el más notorio la falta de libido, con ello la disminución o perdida de las relaciones sexuales. Por eso es tan importante mantener en equilibrio todas nuestras necesidades (recuerde que el trabajo es una de las cosas importantes que un hombre debe tener para vivir feliz.) y nuestras funciones (en este caso nuestra función sexual) pues solo así aseguraremos una vida completa y lo más placentera posible.

Una vida sexual plena, satisfactoria y frecuente. Ese es el fin pues no basta que sea plena es decir que se cumpla con la relación desde su inicio hasta su resolución, no, también debe ser satisfactoria es decir que emocionalmente nos satisfaga a ambos sin olvidar las características propias de la mujer para que esta satisfacción sea verdadera y debe ser frecuente pues de su frecuencia depende su permanencia en tiempo o su ausencia a edades en que aún debe ser una función común de la pareja.

LA RELACIÓN SEXUAL
Y SUS DETALLES

LA MANERA COMO VISUALIZA LA MUJER SU CUERPO. Es una razón por la cual la mujer acepta o rechaza tener relaciones sexuales, sabemos que la mujer necesita saberse bella y la persona encargada de hacérselo saber siempre es su pareja, de tal manera que para él, el cuerpo de su esposa debe ser bello, pero no solo deberá saberlo sino que demás, deberá decírselo siempre pues ya vimos que la mujer necesita estos comentarios toda la vida, así que si la mujer sabe que para su esposo su cuerpo es bello será mucho más fácil que acepte tener relaciones con él, que si sucede lo contrario y a falta de que su esposo le diga que es hermosa, suceda lo contrario o en algún momento, escuche algún comentario negativo de su persona en especial de su cuerpo, esto afectara sobremanera la forma como ella se ve y por esta causa su libido disminuirá, por lo tanto afectara su deseo de tener relaciones con su pareja.

Así que como hombres no debemos olvidar este detalle y mantener siempre en nuestra esposa ese concepto de que su cuerpo es hermoso. Recuerde para esto que la belleza es real para el que la ve, para ello solo recuerde porqué se enamoró de su esposa, que fue lo bello que en ella vio y mantenga esa imagen en su mente para seguir viendo bella a esa persona que ahora es su esposa.

SU NIVEL DE ENERGÍA Y SU SALUD EN GENERAL. Todos sabemos ahora que hacer el amor requiere energía, que es una actividad demandante y que por ello requiere que estemos sanos. Si no completamente sanos sí que nuestra salud sea lo más óptima posible y que para esta actividad tan importante debemos estar descansados, debemos tener energía para llevar a cabo una relación sexual plena, por ello el descanso es parte fundamental de una buena vida sexual.

Ahora bien hacer el amor no solo requiere que tengamos deseos, que estemos sanos y descansados, lo que ya hemos comentado, que satisfagamos las necesidades básicas de la mujer como ya anotamos, sino que también necesita de detalles externos, es decir, de circunstancias que el lugar, la persona, la hora, el entorno, el ambiente en fin, todo lo que como detalle usted quiera anotar, deben cumplir o complementar para tener una buena o excelente relación sexual como son:

La mujer necesita para hacer el amor que LOS HÁBITOS DE SU PAREJA la estimulen a ello como son: LA LIMPIEZA, esto quiere decir que a ninguna mujer creo yo le gusta un hombre sucio, desaliñado, con un olor desagradable, descuidado en fin a ninguna mujer le atrae un hombre que no se preocupa por verse siquiera bien, por lo que como sugerencia lo ideal sería que para hacer el amor, nos bañemos antes, nos pongamos desodorante, usemos una loción agradable, siendo ésta la que su pareja prefiera, la que a ella le gusta, el aroma que la inspire, con un buen aseo de su boca, use siempre un buen enjuague bucal, use una bata elegante o lo mejor que tenga, arréglese el cabello y preséntese así con ella. Le aseguro que este simple detalle hará un cambio total de su actitud al hacer el amor, es más le sugiero esto como un mensaje subliminal de que esto que hace usted tiene un fin específico, que lo que usted quiere es tener con su pareja una relación sexual plena, totalmente satisfactoria y lo más frecuente que les sea posible.

Procure UN LUGAR TRANQUILO CON ALGÚN DETALLE ROMÁNTICO, lo cual dejo a su imaginación, procure que no haya niños porque queramos o no estos interfieren con una relación sexual ideal, todo ello depende de que usted realmente quiera tener relaciones sexuales con su pareja para lo cual habrá que hacer algún esfuerzo pero siempre pensando que todo ello valdrá la pena pues el resultado será siempre una convivencia más feliz, una función sexual más satisfactoria y por lo tanto toda esa gama de beneficios que nos trae una vida sexual plena, satisfactoria y frecuente, con lo que al final de cuentas lo que conseguiremos será una vida más feliz.

Recuerde que LO QUE IMPULSA EL DESEO SEXUAL EN LA MUJER ES EL AMOR, ya que la mujer para hacer el amor necesita estar enamorada, en cambio para el hombre no, de manera que primero deberá enamorar a su pareja para que ésta acepte tener relaciones sexuales con usted y eso es responsabilidad totalmente suya.

EL ROMANCE, no existe mujer que no sea romántica, así que usted tendrá que ser todo lo romántico que pueda pues esto contribuirá a que su relación de pareja hablando de la actividad sexual sea optima y cada día más placentera, pues no es lo mismo hacer el amor por hacer el amor que hacerlo con la intención de darse plenamente y disfrutar así de lo que verdaderamente es hacer el amor.

LA CERCANÍA EMOCIONAL, todos sabemos que la mujer es muy emotiva, que tiene sus emociones a flor de piel pudiéramos decir de manera que la cercanía emocional de su pareja es parte importante de su estabilidad y bienestar emocional, así que mientras más cercanía emocional tenga con su pareja, mejores relaciones sexuales tendrán y obviamente el placer será cada vez mayor, llegando a niveles insospechados.

LA IMAGINACIÓN, cada detalle cuenta cuando de hacer el amor se trata, para ello la imaginación juega un papel importante, pues la rutina es lo que acaba en gran medida con la actividad sexual de una pareja, así que si usted es imaginativo, encontrara infinidad de maneras o formas de hacer el amor, esto le dará variedad a su actividad sexual, por lo tanto esta nunca será aburrida, tediosa o rutinaria, dándole un interés mayor cada día pues hará que en su pareja de igual manera aflore su imaginación y que lo sorprenda incluso con nuevas ideas para tener relaciones sexuales, las cuales serán obviamente, cada vez más placenteras.

UN ESPOSO ATRACTIVO, el dicho dice que "EL HOMBRE COMO EL OSO, MIENTRAS MAS FEO, MAS HERMOSO" pero yo quiero retarlo a que le pregunte a su esposa que piensa de este dicho y vera que no es así, pues lo que toda mujer quiere es un esposo atractivo, quiere que su pareja sea un hombre guapo, nunca lo querrá feo, así que procure usted mantenerse bien, cuide su físico, preocúpese siempre por verse bien y vera resultados maravillosos a la hora de hacer el amor con su pareja.

LA ESTIMULACIÓN, la mujer requiere siempre de una gran cantidad de estímulos de todo tipo para hacer el amor, así que mientras más estímulos tengan y usted le provea, mejores serán sus relaciones sexuales y más frecuentemente aceptara tener sexo con usted.

EL ELOGIO A SU CUERPO. Ya vimos que la mujer necesita saber que su cuerpo es bello, que la imagen que su pareja tiene de su cuerpo es que éste le sigue gustando a su pareja, que la sigue viendo bella pero además, que se lo hace saber cada día, por ello usted como pareja o esposo nunca debe dejar de elogiar el cuerpo de su mujer, para esto regálele algo que ella porte para verse cada día mas bonita, si quiere que acepte tener relaciones con usted.

Y POR ÚLTIMO, Todo lo que sea un detalle para su mujer, la hará más y más feliz y una esposa contenta, sin lugar a dudas aceptara hacer el amor con el hombre que le prodiga esos detalles y este debe ser usted como su pareja o esposo, porque de lo contrario si llegara a recibir esos detalles de otra persona no dude que un día de estos, su pareja le sea infiel pues los detalles son tan importantes como todo lo que he anotado para hacer que nuestra pareja acepte tener relaciones sexuales.

QUE DISMINUYE EL DESEO
SEXUAL FEMENINO

Ahora bien así como hay cosas que estimulan el deseo sexual de la mujer, también existen cosas que afectan negativamente la actividad sexual y por ello mencionare algunos.

Lo que afecta negativamente el deseo sexual es LA FATIGA. Es obvio que si estamos cansados cualquiera de los dos, esto inhibirá la libido, con ello el deseo disminuye o desaparece pues lo que más querrá una persona fatigada será descansar y no tener relaciones sexuales.

LA DEPRESIÓN. Ya hemos tratado este asunto a profundidad creo yo, así que solo recuerde que la depresión acaba con la actividad sexual de la pareja.

EL ESTRÉS. Causa impotencia sexual e impide una actividad sexual plena, satisfactoria y frecuente.

EL ENOJO. Sucede que una mujer enojada con su esposo, crea sentimientos de rencor, odio y resentimiento, por esta razón todo lo que su esposo haga lo vera de forma negativa y nunca vera el lado bueno de las cosas con lo que su deseo sexual por supuesto se bloquea, afectando más y más cada día la relación de pareja, por esta razón es que como pareja debemos evitar que la mujer cree enojo, es decir que antes de que algúna situación o mal entendido genere este sentimiento debemos aclararlo o remediar la situación motivo de él, para evitar que este genere otras manifestaciones aún peores que terminen con nuestra actividad sexual.

UNA IMAGEN NEGATIVA DE SU CUERPO. Ya vimos que la mujer necesita saber que para su pareja su cuerpo es hermoso, de manera que si no le decimos a cada rato que nos gusta su cuerpo, que tiene un cuerpo hermoso, es probable que su deseo de hacer el amor disminuya, Algo que es muy difícil sanar pues una vez formada una imagen negativa de su cuerpo, le cuesta demasiado trabajo a la mujer cambiar esta imagen.

PENSAMIENTOS NEGATIVOS. Todo lo que sea negatividad va de la mano de la depresión y como ya sabemos la depresión es causa probada de disfunción sexual manifestándose en el caso de la mujer como una falta de deseo sexual. De manera que siempre debemos estar al tanto de que nuestra pareja tenga pensamientos positivos, evitar al máximo la aparición de pensamientos negativos, sin importar la situación de que se trate.

UN ESPOSO POCO ATRACTIVO. Ahora sabemos que a la mujer le atrae y le despierta el deseo sexual, un hombre, atractivo, limpio, pulcro, que huela bien, que se afeite, que se arregle el pelo, que use enjuague bucal, que de ser posible se bañe antes de tener relaciones sexuales. Así que si el hombre es lo contrario de esto, obviamente el deseo sexual de la mujer desaparece o por lo menos disminuye demasiado.

LA CRÍTICA. Sabía usted que la crítica aparte de inútil es peligrosa? Pues sí. La crítica no sirve para nada, absolutamente para nada bueno y en cambio provoca reacciones muy drásticas y peligrosas pues lastima lo más preciado que tiene el ser humano, su orgullo y la mujer nunca estará exenta de esta reacción pues también tiene un orgullo a veces muy grande. De manera que la crítica genera como respuesta, odio, rencor y resentimiento, como ya vimos estos sentimientos bloquean o deprimen el deseo sexual de la mujer, así que elimine por completo la crítica en todos los actos de su vida y más con su pareja si quiere mantener una relación armónica con ella.

ALGUNOS MEDICAMENTOS. Ya hemos revisado estos fármacos solo recuerde que son causa probada de disfunción eréctil y de falta de deseo sexual en la mujer.

EL DOLOR. Es obvio que la presencia de dolor en la mujer, bloqueara su deseo sexual, pero si sabemos que el orgasmo nos ayuda a aliviar el dolor al liberar sustancias analgésicas potentes, podemos manejar mejor esta situación y evitar por supuesto que este síntoma acabe con el deseo sexual de la mujer.

TRAUMAS SEXUALES PREVIOS. Esta si es causa probada de pérdida del deseo sexual en la mujer y requiere tratamiento psicológico o psiquiátrico incluso pues dependerá de la gravedad del trauma, el profesional que deba manejarlo siendo en cualquier caso de muy difícil solución.

A todo lo anterior, hablando de la falta de deseo sexual, la impotencia sexual y todos los factores que afectan negativamente la actividad sexual de la pareja, habrá que agregar, esos MITOS que la sociedad ha creado, que en nada ayudan a una buena actividad sexual pues estos han contribuido a que ahora exista cada vez más disfunción sexual de todo tipo y por ello los vamos a comentar.

MITOS DEL SEXO EN EL ADULTO MAYOR

Deseche de su mente por favor esas creencias erróneas que existen a este respecto cuando nos hacemos adultos y creemos que nuestra vida está iniciando su declive, pues ello no nos ayuda en nada y solo crea mitos que afectan nuestra actividad sexual tan importante como ya vimos. Por lo que vamos a comentar los más comunes como son:

1. CON LA EDAD SE PIERDE LA CAPACIDAD SE HACER EL AMOR. Este es un mito y por supuesto como ahora sabemos es una creencia totalmente falsa, afortunadamente ahora sabemos que la capacidad de hacer el amor no se termina con la edad, si bien tiene un descenso como ya anotamos esta no se pierde de manera normal, obviamente siempre y cuando la salud del individuo sea óptima o la mejor posible, por el contrario como varones debemos recordar que (órgano que no se usa se atrofia) esto quiere decir que mientras más relaciones sexuales tengamos a lo largo de nuestra vida, más perdurara esta función y mejores relaciones sexuales tendremos pues la calidad de las relaciones sexuales mejora con el tiempo ya que la experiencia hace de cada relación una experiencia única y cada día más plena, y solo para confirmar este comentario vea usted cuantas mujeres jóvenes se casan o aceptan parejas varones de avanzada edad (mayores de 60 años)creyendo que sexualmente ya han terminado su actividad y ho! sorpresa ese anciano la embaraza a la primera oportunidad que le dan. Obviamente esa mujercita no sabía lo que ahora sabemos nosotros por lo que hemos revisado en esta obra respecto de la función sexual.

Esta función fisiológica, jamás se pierde en el hombre sano y un hombre en estas condiciones, puede morir siendo totalmente fértil y sexualmente activo sin importar que su edad sea avanzada o muy avanzada.

2. CON LA EDAD LA EYACULACIÓN YA NO ES POSIBLE.

Segundo mito erróneo del todo, pues nuevamente recalco lo que anotamos al principio, es normal que las funciones sexuales del varón disminuyan en potencia y frecuencia pero esto se acompañara siempre de mejor calidad así que las eyaculaciones si bien, es cierto disminuyen, éstas serán mucho más placenteras pues ahora sabemos que cuando la mujer llega antes que el varón a su orgasmo todo cobra una dimensión mucho mayor y la relación se vuelve una experiencia de verdad incomparable de placer. Así que este mito no es real y si en cambio céntrese en que será mucho más placentera la relación sin importar la cantidad o incluso la presencia de la eyaculación.

3. LA MUJER POSTMENOPÁUSICA PIERDE EL DESEO DE HACER EL AMOR.

Nuevamente éste es un mito, es decir es una mentira, pues ahora sabemos que en esta etapa de la vida, la mujer si bien pierde o mejor dicho disminuye mucho su secreción hormonal de estrógenos, por la pérdida de función de sus ovarios, continua produciendo testosterona en sus glándulas suprarrenales, con ello la libido femenina por el contrario deberá mejorar en la etapa postmenopáusica y por lo tanto el deseo sexual de la mujer deberá ser mayor que antes de dejar de menstruar, ya que ahora no tiene la hormona que se opone a los efectos de la testosterona, en el momento que la mujer entienda esto, fácilmente sabrá que su actividad sexual deberá ser excelente o por lo menos mucho mejor que antes pues si a esto agregamos que una vez que la mujer ha dejado de reglar, la posibilidad de un embarazo desaparece, pues la ansiedad que produce la posibilidad de un embarazo a una edad avanzada de la mujer, hablando de su etapa fértil, siempre será una situación que causara ansiedad en ella y en su pareja incluso, pues como ya hemos revisado, la ansiedad por sí sola, es una causa probada de disminución de la libido o por lo menos de una pérdida del deseo sexual, por lo tanto una situación que disminuye la frecuencia y calidad de las relaciones sexuales. Así que en el momento que la mujer sepa que ya no puede embarazarse, aun manteniendo una actividad sexual óptima, esto debe darles a la mujer y al hombre una tranquilidad que al final de cuentas debe redundar en una mejor calidad en las relaciones sexuales que tenga. A lo que habrá que agregar que ahora generalmente la pareja es económica, laboral, familiar, social y sexualmente, más estable, pues una pareja adulta tendrá generalmente su situación económica resuelta pues los hijos generalmente serán independientes y el ingreso será para ambos solamente con lo que la tranquilidad económica prácticamente no será ya un problema, además en el trabajo el hombre o incluso hombre y mujer tendrán un trabajo estable y eso les dará una tranquilidad y seguridad económica envidiable pue ya sabemos toda la ansiedad que genera la pérdida o falta de trabajo, socialmente una pareja adulta madura tendrá una vida social muy estable pues su círculo de amistades y familia ya abran tenido tiempo de conocerse y esto hace que su vida ahora transcurra de mejor manera, pues los hijos han dejado de ser un "problema" y la pareja tiene más tiempo y tranquilidad para llevar acabo sus relaciones sexuales.

A esto y por si fuera poco todo lo que acabo de anotar, debemos agregar que como pareja, ahora se conocen mucho mejor y saben cada uno de ellos, que le satisface al otro, de manera que cada uno de ellos sabe cómo complacer al otro y esto en general lo único que consigue es hacer de las relaciones sexuales una actividad cada día más y más placentera.

4. UNA PAREJA DE MÁS DE CUARENTA AÑOS. SI HACE EL AMOR DOS VECES AL MES SERÍA YA DEMASIADO.

Un mito más que debemos erradicar de nuestras vidas, pues solo recuerde lo que anotamos páginas anteriores, la frecuencia recomendable para una pareja de 40 años de edad o más, sería por lo menos de dos veces por semana, así que si la frecuencia con que tienen relaciones es menor a ésta y su edad está dentro de la década de los 40 años, procure atención médica pues aún le queda mucho tiempo de vida y ahora sabe que debe tener relaciones sexuales plenas, satisfactorias y frecuentes y a esta edad es cuando más se debe ocupar en cumplir con esta recomendación pues sabe ya que de la frecuencia con que tenga relaciones ahora depende en gran medida su salud sexual futura y dada la importancia que tiene ésta en la vida en su conjunto, creo necesario y hasta cierto punto urgente que mejore esta frecuencia.

5. LOS ORGASMOS DE LA JUVENTUD SON MEJORES.

Esta es una mentira total pues si bien en la juventud el orgasmo masculino era frecuente, a veces demasiado frecuente, estos carecen de muchos detalles que hacen de este hecho una verdadera experiencia divina. Cosa que ocurre con el tiempo, por ello en la edad madura es cuando más se disfrutan estos orgasmos pues si bien ahora su frecuencia es menor, la calidad de los mismos es insuperable ya que la pareja ha llegado a un punto de entendimiento tal que cada experiencia sexual termina en el disfrute máximo que representa un orgasmo tanto masculino como el femenino, si ya vimos que cuando esto ocurre de manera simultánea el gozo es increíble, debe desechar esta idea y estar plenamente seguro de que los orgasmos de la edad madura son de mucho mejor calidad que los de la juventud pues en esta etapa no se tenía tanto entendimiento de este asunto como ahora, de manera tal que a medida que la edad avanza y la actividad sexual se mantiene, cada día la experiencia de placer que las relaciones sexuales proveen al hombre y la mujer, alcanza niveles insospechados de placer que hacen del orgasmo una experiencia insuperable.

6. LOS HOMBRES MAYORES SE INFARTAN SI TIENEN RELACIONES SEXUALES FRECUENTES. Mentira total pues si vemos las estadísticas, veremos que la frecuencia con que un hombre mayor se infarta en el acto sexual, ésta se presenta en un porcentaje menor al 1% de los casos en que ocurre y siempre veremos que se presenta en individuos previamente enfermos o muy enfermos diría yo, pues el acto sexual es solo una experiencia agradable que representa un esfuerzo totalmente tolerable para un adulto común y corriente y solo que este se encuentre ya enfermo, y haya descuidado su enfermedad es decir, que aun sabiéndose enfermo, nunca se haya controlado o nunca se haya preocupado por mantener su patología bajo control, sucederá un evento adverso de diverso tipo, como ejemplo podemos citar lo que acurraría en un enfermo hipertenso mal controlado que en el esfuerzo de la relación sexual que de manera fisiológica incrementa su presión arterial, esta se eleve por encima de sus valores tolerables y desencadene un evento cerebral o de otro tipo, en casos como este si existe la posibilidad de que le ocurra un evento adverso grave, incluso la muerte, pues su enfermedad es grave ya de por sí, pero aun si el hombre es hipertenso si su presión arterial se mantiene controlada, jamás tendrá un evento de este tipo pues prácticamente será un hombre sano hasta cierto punto.

Ahora bien, el que ocurra un evento de este tipo (un infarto al miocardio por ejemplo) en una relación sexual sí se relaciona con situaciones de ansiedad por ejemplo en el hombre que hace el amor con su amante y tiene la preocupación de que su esposa lo sepa o sospeche de su relación extramarital, siendo en este caso la razón del evento adverso la ansiedad que genera esta incertidumbre y no el acto sexual en sí.

7. LA RELACIÓN SEXUAL ES LA CRUZ DE LAS MUJERES ADULTAS. Este comentario equivocado tiene más que ver con la calidad con que estas mujeres llevaron su vida sexual desde su juventud y después en pareja, pues si desde el principio, ellas no disfrutaron de la relación sexual y jamás alcanzaron un orgasmo es ahora lógico que la relación sexual sea para ellas un verdadero sacrificio o cruz como suelen llamarlo. Situación dada por maridos ignorantes como ya lo anotamos cuando hablamos de lo que los franceses piensan de las mujeres frígidas, así que esta frase nunca se aplicara a una mujer que ha experimentado orgasmos frecuentes satisfactorios y plenos. Cosa que desde el principio de la relación se hace, así jamás será para ella un sacrificio la relación sexual sino todo lo contrario será la experiencia más agradable que pueda tener con su pareja.

EL MATRIMONIO EN LA DÉCADA DE LOS 40

La década de los 40^s es una época difícil para muchos matrimonios pues los hombres experimentan una última oleada en busca de la seguridad en sí mismos y que mejor manera de demostrarlo que haciendo el amor con intensidad y frecuentemente y las mujeres a esta edad aún se sienten atractivas además de que los cambios hormonales que la llevaran a la menopausia aun no aparecen pero ellas saben que se aproximan, por ello intentan en esta época mantener una actividad sexual intensa también para disfrutar al máximo el placer que le dan las mismas. Desgraciadamente si en esta época sucede algo que interfiera con la potencia sexual del hombre, indudablemente esto afectara sobremanera la relación de pareja e incluso la salud de ambos, Por lo que, hombres por favor piensen, que si la impotencia o el temor a no poder o cualquier otra cosa les impide hacer el amor con su pareja en esta época en la que también ellas están ansiosas de mantener esta actividad por demás placentera, por favor consideren lo que puede estar pensando su esposa pues ella no pensara que usted tienen algún problema que le impide hacerle el amor, sino que su imaginación la llevara a pensar o imaginar cosas como las siguientes: (Ya no me ama, ya no me ve atractiva, ya no me desea, ya no le gusto, tiene otra, estoy fea,) En fin, ella podrá pensar un sinfín de cosas para explicar la falta de relaciones con su pareja, todo ello solo deteriora su imagen mental y esos pensamientos se convierten en una profecía que acarrea su propio cumplimiento. Sin saber que es un proceso que si bien en natural y fisiológico, sucede que actualmente esto está ocurriendo a una edad más temprana que antes y por ello vemos ahora que, hombres que a los veinte años siempre estaban listos para poner manos a la obra a la primera provocación y repetir esta acción dos, tres y hasta seis veces o más en un día, se sabe que a los 40 años ya no es así y es natural pero esta disminución en la potencia sexual no debe ser tan rápida o aparatosa aunque se dice según algunas estadísticas que hasta el 50% de los hombres mayores de 40 años, experimentan algún grado de impotencia sexual, cifra en verdad alarmante pues resultaría que uno de cada dos varones cuarentones tiene este problema en algún momento y si recordamos que un suceso de esta naturaleza puede hacer que la alteración se perpetúe por el simple hecho de afectar la estabilidad emocional del varón, con ello generar ansiedad la cual como ya vimos bloquea la erección, ésta patología será la más frecuente que enfrenta el hombre adulto y las repercusiones muy variadas aunque todas ellas graves.

Pero ahora que sabemos ya todos los beneficios de una actividad sexual óptima, creo que ha llegado el momento de hacer algo para mejorar nuestra actividad sexual, con ello conseguir la felicidad que tanto buscamos y lo que haya que hacer habrá que hacerlo, a la voz de ya, para ello es preciso iniciar nosotros como varones este cambio de actitud, para conseguir mejorar poco a poco nuestra relación de pareja, y con ello todos los beneficios de vivir feliz.

PARA QUE ESPERAR…..HOMBRES

Así que ahora, así como el título de esta obra dice. PARA QUE ESPERAR…………. HOMBRES. Este es el momento, deje ya de leer y llame a su esposa, dígale que la quiere, que quiere estar con ella, que va a llegar temprano a casa, recuerde que su esposa necesita como el alimento, MUESTRAS DE AFECTO, así que no se limite absolutamente en nada que sea alago, ya sean palabras bonitas, los detalles, los cariños, todas las muestras de afecto que se le ocurran apenas cubrirán una parte de la necesidad que su pareja tiene de amor de parte suya, así que dígale algo que usted sabe a ella le agrada. No espere a llegar a la oficina y llamarle del teléfono de su escritorio pues PARA QUE ESPERAR a que llegando a su trabajo, los asuntos de su actividad diaria le impidan hacerlo o incluso por ello se le olvide llamarle o dígame si no sucede casi a diario que los asuntos de la oficina absorben nuestra atención y nos olvidamos de la familia con el pretexto de que estamos trabajando, ganando dinero para los hijos en fin, el trabajo nos hace posponer las cosas que yo creo son más importantes como son la familia y en especial nuestra pareja como ya vimos en estas páginas. Así que ahí de su celular hágalo, aunque solo le diga que la quiere, que la ama, cómprele algún detalle ya sabe que el precio no importa es solo el detalle el que cuenta así que cómprele algo que le quede bien, algo que usted quiere que ella luzca, algo que quiere invitarle a probar o que sabe a ella le encanta y llévesela, si puede envolverlo para regalo mejor, aunque esto no es indispensable pues recuerde que no es el precio, lo raro, lo especial, lo único, lo grande o lo común, solo es el detalle, de esta manera evitara posponer el momento y usted sabe que a cada instante ocurren cosas en la vida que pueden afectar a veces demasiado nuestra relación de pareja, incluso cosas totalmente desagradables, como los accidentes de los que ninguno de nosotros está a salvo y una vez sucedido ya no hay manera de regresar el tiempo y entonces nos arrepentimos y lamentamos no haber dicho antes todo eso que en este momento le estoy invitando a hacer, porque he visto que ya estando enfermos, incluso al borde de la muerte toda la gente quiere regresar el tiempo y decirle a su esposa y a sus hijos un sinfín de cosas buenas, quiere darles todo ese amor que se ha guardado yo no sé para qué y en esos momentos ya no es posible, porque a lo largo de mi profesión he visto casi en todos los casos que cuando el hombre sabe que ya no tiene remedio y le queda poco tiempo de vida ya sean semanas o meses, lo único que le pide a la vida, sabe usted que es?, precisamente eso, un poco más de vida, solo piden un poco más de tiempo, porque tienen muchos pendientes que arreglar y muchas cosas que decirle o hacer con su pareja, por eso insistió, es hoy, como dice el dicho (EN VIDA HERMANO, EN VIDA) así que hoy, recuerde alguna canción de las que escuchaban cuando se enamoraron, compre el disco y regáleselo hoy, así es hoy porque, PARA QUE ESPERAR a que mañana se irrite con alguno de sus hijos y se agregue un problema más, que ahora haga más difícil que las cosas mejoren pues mientras más problemas haya, más difícil será resolver la problemática, si por alguna razón en este momento tiene un problema con ella por pequeño que este sea, PARA QUE ESPERAR a que por la tarde se encuentre más enojada o mañana más irritable y ya se lo haya demostrado de alguna forma, ya sea con la comida, en la cama, con sus hijos, en fin, o le haya reclamado esperando de su parte, afecto, consuelo, cariño, comprensión o solo compañía y usted se haya quedado callado aumentando su disgusto, o inclusos ese problema pequeño se convierta en algo mayor porque usted en ese momento de discusión, sin querer le dijo algo que la irrito aún más y ahora le guarda un rencor más grande que antes, No, no espere más y en este momento llámele, ofrézcale una disculpa y llévele algo que le guste, escríbale o dígale alguna frase que a ella le agrada, todo lo que la haga sentir, bien, bella, importante, querida, amada, deseada en fin todo que la haga feliz, déselo sin reservas, Porque PARA QUE ESPERAR a que mañana sea un día más negro que el de hoy, a que algo se agregue, se preste a una mala interpretación y genera una coraje mayor en su esposa o pareja. Usted ya sabe ahora que vemos los días de color de rosa cuando estamos bien y los vemos negros cuando estamos mal, pero sucede que si vemos el día negro, todo lo que suceda lo veremos del lado negativo y así atraeremos precisamente eso solo cosas malas, negativas que afectaran cada día nuestra relación de pareja, en cambio si nuestros días son felices cada vez lo serán más y más pues atraeremos solo cosas buenas, positivas, estimulantes y por lo tanto seremos cada día más felices. Si lo que ocurrió es un mal entendido solamente, aclárelo, PARA QUE ESPERAR a que mañana a ese mal entendido se agregue algún dato que complique más las cosas y ahora se vuelva una duda grave o una sospecha de infidelidad que si bien no está fundada al no aclararse a tiempo crece y cada día le agrega más y más datos que se vuelven sospechosos cuando en un principio debieron ser aclarados sin problema podemos decir, no espere más y en este momento aclárelo, si debe regresar a su caso porque es necesario aclararlo, hágalo, creo yo que la familia es lo mejor que tenemos, por lo tanto lo que primero debemos conservar es nuestra familia así que procure primero que nada la felicidad familiar y de ahí le aseguro, cualquier problema será superado fácilmente. Si ya olvido decirle a su esposa que cocina delicioso o nunca se lo ha dicho, (cosa que dudo), nunca es tarde dígaselo hoy, mañana y pasado mañana, PARA QUE ESPERAR a que ahora su esposa le cocine solo por hacerlo, o peor aún le cocine de mala gana, sin sabor, sin sal, sin nada de eso que hace de la comida cocinada en casa, una delicia, recuerde que su esposa necesita aprecio y mucho aprecio, solo dese un tiempo para ver todo lo que ella hace y vera que todo eso merece nuestra gratitud y aprecio por supuesto, así que no se limite y dele a su pareja muestras de aprecio por todo lo que hace, vera cambios espectaculares en ella pero sobre todo la hará más feliz, PARA QUE ESPERAR a que su closet este todo tirado, su ropa desordenada y la casa descuidada y todo por falta de aprecio, sabe ahora que es una necesidad de ella, le aseguro no le costara ningún trabajo hacerlo pues su pareja lo merece y se lo gana a pulso, pero hágalo hoy dele todas las muestras de aprecio que pueda o se le ocurran, porque PARA QUE ESPERAR a que otra persona lo haga y su mujer se sienta mejor ahí porque ha encontrado a alguien que si la aprecia.

Si ya casi nunca platica con su pareja, hágalo hoy llegando de su trabajo cuéntele lo que le ocurrió en su oficina, su empresa o negocio, o simplemente lo que vio en el camino o en la calle donde trabaja y vera que su esposa le prestara atención de inmediato, recuerde que es una necesidad básica de la mujer la comunicación y luego pregúntele que hizo en el día, estimúlela a que le cuente sus actividades y vera que empieza a hablar y hablar y hablar porque es una característica de la mujer la comunicación, si no me cree solo pregúntele como se portaron sus hijos el día de hoy y vera que tendrá motivo de platica de más que solo unos minutos así que PARA QUE ESPERAR a que su esposa ya no quiera platicarle nada a usted porque nunca le hace caso porque nunca le pone atención, porque usted la ignora o peor aún, ya encontró un mejor oyente que usted, ya tiene con quien platicar de todo lo que ella quiere y se siente bien en otra compañía que sí la escucha con atención y la hace sentir especial, pues esa persona debe ser usted pero con usted ya no platica porque usted nunca habla.

Si hace rato que no le dice a su esposa que usted se hará cargo de las actividades pesadas del hogar como el jardín, la plomería, las puertas, el gas en fin eso que el hombre debe hacer bien y le toca por ser el hombre de la casa, dígaselo hoy, dígale que no se preocupe por la fuga de agua que tiene el baño de la casa, que usted la compondrá el fin de semana, que si las puertas no cierran bien o las chapas ya no sirven usted las cambiara, o reparara lo que sea necesario y solo que los desperfectos sean mayores y requieran de personal especializado o específico para cada una de las cosas que requieren reparación, recurrirá a ellos siempre bajo su supervisión porque usted es el responsable de que todo esto funcione correctamente en su casa, porque PARA QUE ESPERAR a que el vecino venga a arreglar el césped, a poner el gas que usted no puso o a reparar las chapas que ya no funcionan bien y por este hecho le caiga mejor su vecino que usted porque él sí sabe hacerlo, es muy fuerte y trabaja muy bien, además de que es muy acomedido, y por estas características ella empiece a compararlo con él, le aseguro que esto no es nada recomendable desde cualquier punto de vista pues si hay algo que el hombre nunca tolera es la comparación con otro hombre o dígame usted si estoy equivocado. Recuerde que el hombre debe ser la figura fuerte de la casa y una de sus funciones es darle seguridad a su familia, es decir que cumpla con su roll de padre PROTECTOR como vimos en un principio, en este aspecto tan importante para ella, dígale que estando usted nada le pasara a ella y sus hijos, que usted las protegerá de todo y de todos los peligros que puedan asechar a la familia, dígale que en cualquier momento y para todo usted estará ahí, a su lado, no dé por hecho que ella lo sabe, pues la mujer necesita que su pareja se lo diga, que le de la seguridad de su compañía, de su presencia de su protección y no deje que piense que están desamparados o que en algún problema serio usted no sabrá que hacer, dígale que usted siempre sabrá que hacer que las respuestas a cualquiera de sus dudas las encontrara en usted y que está dispuesto dar la vida por ella y por sus hijos. Nunca deje que su pareja se sienta insegura pues esto genera ansiedad y eso no ayuda en nada a la estabilidad de la pareja.

Si nunca le ha dicho o ya no le dice a su esposa que económicamente no debe preocuparse, que tiene un hombre a su lado que sabe trabajar, sin importar cuanto tiempo, cuantos días ni el horario de trabajo que le den, que si debe trabajar día y noche usted lo hará por el bien familiar, que usted trabajara hasta donde sus fuerzas le permitan. Pero que a su familia nunca le faltara nada y que casa vestido y sustento siempre habrá y en abundancia, esto amigo mío es algo que como ya sabemos la mujer necesita saber, necesita la seguridad económica que solo su esposo le puede dar, debe saber que siempre tendrá el dinero suficiente para pagar la renta o para construir una casa o comprar una ya hecha, como ella quiera que ésta sea, grande, pequeña mediana en fin como su "Reyna" la quiera, su hombre se la dará, porque para eso es el hombre de la casa, que ella nunca tendrá la necesidad de trabajar para mantener a la familia, a menos que por gusto quiera ejercer la profesión que estudió o desarrollar la preparación que tiene siendo en este caso una actividad como ya sabemos que colaborara con el gasto familiar para que obviamente tengan mucho más comodidades todos, para que compren bienes o inviertan el dinero excedente para el futuro, pero siempre sin ser obligación de la esposa aportar dinero para el gasto, pues para eso está su esposo. Este simple hecho le dará a la mujer una tranquilidad especial pues la angustia que genera en la mujer el hecho el pensar que el dinero no alanzara, que no sabe si tendrá su esposo el dinero suficiente para pagar la renta por ejemplo o para la comida y la ropa de la familia, desestabiliza a la mujer y la hace entrar en angustia que como ya sabemos altera su estabilidad emocional de manera importante redundando en un sin fin de efectos siendo uno de ellos la falta de deseo sexual con el consiguiente rechazo a tener relaciones sexuales con su pareja, afectando ahora al esposo, desencadenando todo eso que ya hemos anotado respecto de la falta de relaciones sexuales en la pareja. Porque como ya sabemos, la mujer se mueve en espacios vacíos y todo lo que el hombre no haga o deje de hacer, ella lo hará y PARA QUE ESPERAR a que su pareja, se vea en la necesidad de salir a buscar trabajo, sabiendo que actualmente está mucho muy complicado encontrar un empleo bien remunerado pero que por el hecho de ser mujer la expone a conseguir un empleo en el que tenga que ser "complaciente" con el patrón o cualquier otra persona que por la necesidad económica que muestra la mujer quiera o por lo menos intente aprovecharse de la situación y propicie una situación de infidelidad o cualquier otra cosa que afecte de manera directa la relación de pareja y de la familia en su conjunto. Así que como varones, debemos evitar esta posibilidad al máximo y depende solo de nosotros que esto no suceda.

Todo esto tienen como finalidad mejorar la relación de pareja y que mejor relación que la vida sexual. Pero una vida sexual plena, satisfactoria y frecuente, porque la actividad sexual debe ser plena, es decir que se alcance siempre ese placer que solo la relación sexual nos da, debe ser además algo totalmente satisfactorio es decir que ambos, tanto el hombre como la mujer, encuentren en esta actividad el grado máximo de satisfacción de su necesidad sexual en este caso, pues ahora sabemos que esta actividad es una necesidad lo mismo que el alimento u otras que creemos son más importantes que ésta cuando no es así y debe ser frecuente porque todo lo que sea placentero y satisfactorio nos provee felicidad y si es así, habrá que hacerlo lo más frecuentemente posible, pues al paso del tiempo se convierte en un hábito y por lo tanto se hace mejor cada vez.

Y si hablamos un poco de los hijos. Si usted ve o le cometan que su o sus hijos están un poco excedidos de peso, procure atención especializada ahora pues PARA QUE ESPERAR a que ese sobrepeso se convierta en obesidad y luego en diabetes la cual sería infantil y por lo tanto más grave que la diabetes del adulto y más aún que como usted sabe, esta enfermedad una vez diagnosticada no tienen cura sino solo control el cual nunca es fácil y si por el contrario cada día progresa y causa daños de verdad graves terminando con la calidad de vida que todos buscamos y más en nuestros hijos. Recuerde que los hijos son nuestra responsabilidad absoluta y dependen totalmente de nosotros.

Así que procure solo lo mejor para ellos desde hoy, no espere a que algo malo suceda para tomar cartas en el asunto, es hoy, hoy.

Si por otro lado su hijo adolescente de un tiempo para acá, está llegando a altas horas de la noche por ejemplo, hable con el ahora porque PARA QUE ESPERAR a que de repente no llegue porque se quedó en la casa de alguien en el mejor de los casos y no en otro sitio. Si demás ha llegado con aliento alcohólico en algunas ocasiones, PARA QUE ESPERAR a que su hijo caiga en las garras de alcoholismo y cuando usted quiera hablar con el éste ya sea un adicto al alcohol y usted ya no pueda resolver esta situación solo.

Si por otro lado su hija adolescente ya tiene novio y nunca se separan porque están muy enamorados, hable con ella de lo que es una relación de novios adecuada porque, PARA QUE ESPERAR a que de repente le diga que está embarazada y no sabe cómo sucedió, ni que va a hacer ahora porque su enamoradísimo noviecito desapareció o se niega a aceptar esta responsabilidad.

Si su hijo está a punto de desertar de la escuela porque no sabe para qué está estudiando, hable con el ahora, PARA QUE ESPERAR a que ya tenga un semestre que no asiste a la escuela y ha perdido el ciclo escolar, explíquele hoy porque o para que esta en determinada escuela y con qué fin está estudiando, si además de repente observa en él un comportamiento raro, actitudes que no son las adecuadas en determinadas situación, hable con él, pues la drogadicción es un problema latente y cada vez más extendido, que cuando nos damos cuenta ya el muchacho ha caído en sus garras por ello PARA QUE ESPERAR a que esto suceda, ya sabe que es mejor prevenir cualquiera de estas situaciones.

Si comentamos un caso más serio seria del de que sus hijos tengan periodos alternantes en su estado de ánimo y en un momento usted los vea del todo felices y al momento siguiente con una tristeza profunda, momento en el cual no quiere saber nada, de nada ni del mundo, tanto que se encierra en su habitación y no quiere siquiera hablar con nadie, este sería uno de los datos de depresión grave y ahora usted sabe que esta depresión puede incluso llevar a un joven a pensar en el suicidio o peor aún a que lo lleve a cabo así que PARA QUE ESPERAR a que esto ocurra, ocúpese hoy de sus hijos, vigile su comportamiento y sobre todo esté a su lado en todo momento pues la vida los expone a un sinfín de peligros que si no estamos al tanto de ellos, los van a afectar no así si estamos siempre pendientes de nuestros hijos pues como adultos sabemos ya que hacer y podemos ayudarlos a superar cualquier situación que se esté gestando o mejor aún, podemos evitar esos peligros a que se exponen cuando están solos o en malas compañías. A este respecto quisiera comentarle que en mi muy particular punto de vista es más importante la cantidad de tiempo que estamos con la familia que la calidad del mismo pues lo que ocurre es que el hombre confunde calidad de tiempo con diversión, regalos, dinero, paseos y muchas cosas que en realidad no son calidad y yo creo que es más útil pasar con nuestros hijos varias horas al día al tanto solo de su tareas que estar media hora dándoles regalos.

Si su esposa le hace un cometario de que ha observado algo anormal en sus hijos, por pequeño que sea este dato, nunca lo ignore, recuerde que las mujeres tienen un sexto sentido del cual nosotros carecemos, por lo tanto ellas ven situaciones que a nosotros se nos pasan por alto así que hágale caso platique con ella y que le explique que ha visto que no está bien porque, PARA QUE ESPERAR a que cuando usted se dé cuenta ya sea demasiado tarde.

Si su pareja le dice que hace ya tiempo no le dice palabras cariñosas o no le dice que la quiere, hágalo hoy PARA QUE ESPERAR, a que otro se las diga.

Si su esposa le dice que hace falta que arregle el jardín o algo necesita reparación en su casa, hágalo hoy. PARA QUE ESPERAR a que otro hombre entre a su casa a arreglar ese desperfecto y encuentre otros que usted descuido.

Por todo esto querido amigo le invito a que, deje de ser el hombre del mañana, que si debe hacer algo, lo haga en este momento, hágalo ahora mismo, resuelva cualquier problema hoy y vera resultados maravillosos en su relación de pareja, recuerde que al final de la vida la única persona que llegara con usted hasta el fin de sus días será esa persona que usted escogió como pareja, porque déjeme decirle que cuando decimos esa famosa frase (HASTA QUE LA MUERTE NOS SEPARE) la más sincera siempre es la mujer y el que echa a perder esa promesa generalmente es el hombre y que mejor que llegar los dos, felices, contentos y satisfechos de haber vivido una vida plena, satisfactoria y feliz, disfrutándose uno al otro siempre.

Recuerde que dios no le pedirá cuentas de todo lo que haga en esta vida no, dios le pedirá cuantas de todo lo que "NO" haga mientras está vivo, así que solo le dejo esta frase para concluir. PARA QUE ESPERAR............HOMBRES.